Lena Morgenthau

Was ist offener Unterricht?

Wochenplan und Freie Arbeit organisieren

Verlag an der Ruhr

Impressum

Titel: Was ist offener Unterricht?
Wochenplan und Freie Arbeit organisieren

Autorin: Lena Morgenthau

Druck: Druckerei Uwe Nolte, Iserlohn

Verlag: Verlag an der Ruhr
Postfach 10 22 51, D–45422 Mülheim an der Ruhr
Alexanderstr. 54, D–45472 Mülheim an der Ruhr
Tel.: 0208–439 54 50, Fax: 0208–439 45 239
E-Mail: info@verlagruhr.de
www.verlagruhr.de

ISBN 978-3-86072-706-5

geeignet für die Klasse 1 2 3 4 5 6

Gedruckt auf chlorfrei gebleichtes Papier.

Inhalt

1

Vorwort

1

Brauchen unsere Kinder offenen Unterricht?

Ist offener Unterricht in unserer leistungsorientierten Gesellschaft eigentlich noch zeitgemäß? Sollten wir uns nach dem schlechten Abschneiden der deutschen Kinder bei der internationalen Vergleichsstudie PISA nicht wieder mehr auf die Vermittlung von Grundqualifikationen konzentrieren?

Es ist natürlich eine nur allzu berechtigte Forderung, dass am Ende der Grundschulzeit alle Kinder lesen, schreiben und rechnen können sollen. Selbstverständlich müssen wir unseren Unterricht so gestalten, dass alle Kinder diese Ziele erreichen – auch die Schwächeren. Diese Forderungen sprechen aber nicht gegen, sondern für einen offenen Unterricht. Schließlich ist Offenheit im Unterricht nicht das Gegenteil von Leistungsorientierung, sondern ein Mittel, das allen Kindern gute Leistungen ermöglichen soll. Detailergebnisse aus der PISA-Studie zeigen, dass darin Reformschulen wie z.B. die Bielefelder Laborschule Spitzenwerte erzielten, und zwar auch im internationalen Vergleich. In dieser Schule erreichten auch Schüler* aus sozial schwachen Schichten akzeptable Ergebnisse und die Leistungen der besten Schüler erreichen sogar fast das Niveau ihrer Altersgenossen aus dem PISA-Siegerland Finnland. Diese Leistungen erzielten sie, obwohl – oder gerade weil – es in der Laborschule keine Noten gibt und alle Schüler bis zur zehnten Klasse gemeinsam unterrichtet werden.

* Aus Gründen der besseren Lesbarkeit verwenden wir in diesem Buch die männliche Form. Natürlich sind auch immer Mädchen und Frauen, also Schülerinnen und Lehrerinnen, gemeint.

1

Mein Verständnis von offenem Unterricht

Offenheit im Unterricht ist für mich **methodische, inhaltliche** und **organisatorische Offenheit**. In meinem offenen Unterricht bemühe ich mich, sowohl die Themen als auch die Durchführung und den Verlauf des Unterrichts an den Interessen der Schüler auszurichten. Ich möchte Kinder befähigen, sich weitestgehend selbstständig mit dem Lerngegenstand auseinander zu setzen.

Seit weit mehr als zehn Jahren versuche ich, in meinen Klassen offenen Unterricht zu verwirklichen. Darin möchte ich den Kindern ein individuelles und zugleich **zielgerichtetes Lernen** ermöglichen.
Die **Ziele** offenen Unterrichts stehen in engem Zusammenhang zu den im Lehrplan vorgeschriebenen fachlichen und allgemeinen Lernzielen. Offenes Lernen soll nicht zum Selbstzweck werden, sondern den Kindern beim Erreichen dieser Lernziele helfen.

Das von mir favorisierte Lehr-Lern-Arrangement kann als **konsequente lernorientierte innere Differenzierung** bezeichnet werden, eine Kombination **vermittelnden Unterrichts** und **selbstverantwortlichen Lernens**.
Diese Unterrichtsform wird von zwei sich ergänzenden Schwerpunkten geprägt (s.u.).

Beide Schwerpunkte sind eng miteinander verknüpft. So geht den individuellen Lernzeiten des Wochenplanunterrichts und der Freien Arbeit immer eine gemeinsame Planungsphase voraus.
In diesem Buch wird die Beschreibung der individuellen Lernzeiten und deren Organisation jedoch überwiegen, denn hier findet Öffnung in erster Linie statt.

Es ist nicht meine Absicht, hier ein allgemein gültiges Gesamtkonzept für einen reformnahen Unterricht darzustellen. Es würde mich aber freuen, wenn die Leser durch meinen Bericht Anregungen für die Gestaltung ihres eigenen Unterrichts erhalten würden.

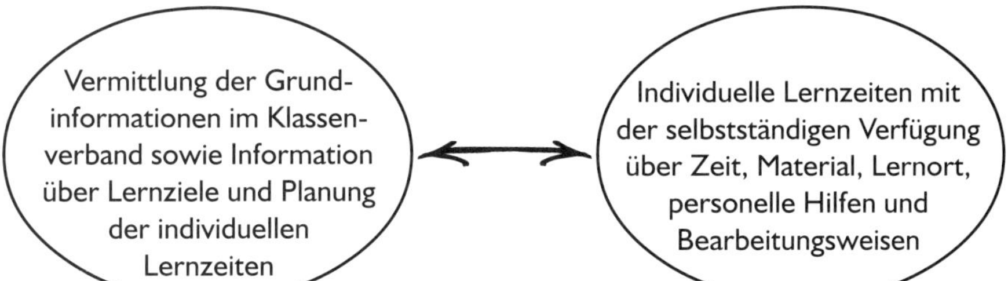

Schwerpunkte des offenen Unterrichts

Was ist offener Unterricht?

2

Wochenplan-
unterricht

- Wie offen können Wochenpläne sein?
- Verschiedene Gestaltungsmöglichkeiten
- Die Arbeit mit Wochenplänen

2

Wie offen können Wochenpläne sein?

Wochenplanunterricht geht von der Erkenntnis aus, dass nicht alle Kinder zur gleichen Zeit die gleichen Aufgaben bewältigen und die gleichen Lernschritte gehen können.
Im Wochenplanunterricht erhalten die Kinder zu Beginn einer Woche einen meist schriftlichen Arbeitsplan, dessen Aufgaben sie im Wochenverlauf abarbeiten müssen.

Ich beantworte für mich die Frage nach der Offenheit der Wochenpläne danach, wie stark sie die Anliegen und Interessen der Kinder und deren unterschiedliches Arbeitsvermögen berücksichtigen.

Ein Wochenplan kann zum Beispiel vom Lehrer am Schreibtisch festgelegt werden, ohne dass die Kinder der Klasse direkt am Entscheidungs- und Entstehungsprozess des Plans und seiner Aufgaben beteiligt werden. Nach der Ausgabe dieses Planes sind dann alle Aufgaben von den Kindern in dem gegebenen Zeitrahmen zu bearbeiten.

Die Interessenschwerpunkte und Neigungen der Kinder, sowie deren unterschiedliches Arbeitsvermögen finden bei solchen Plänen nur so weit Berücksichtigung, wie sie vom Lehrer angenommen und im Plan aufgenommen wurden. Ist ein Plan so entstanden, dann spreche ich von einem von der Lehrkraft **verordneten Plan**.

Es ist aber auch möglich, die Kinder an der Entwicklung des Planes zu beteiligen. Sie können z.B. mit entscheiden,

welche Aufgaben in welchem Umfang in den Plan aufgenommen oder von der Bearbeitung vorläufig zurückgestellt werden. Diese Mitgestaltung kann z.B. in den Klassenratssitzungen (siehe S. 76) geschehen.
Eine andere Möglichkeit besteht darin, dass der Lehrer bei der Erstellung des Planes einzelne schriftliche oder mündliche Rückmeldungen der Schüler berücksichtigt.

Waren die Kinder in irgendeiner Form am Entstehungsprozess des Wochenplans beteiligt, dann ist das Ergebnis ein von den Kindern **mitgestalteter Plan**.

Den fertigen Wochenplänen sieht man nur selten an, ob sie vom Lehrer verordnet oder von den Kindern mitgestaltet wurden. Das liegt daran, dass die Mitgestaltung durch die Kinder ein Aufgabenfindungsprozess vor der Niederschrift des Planes ist, der sich nicht unbedingt in besonderen Gestaltungsformen niederschlägt.
Ich habe die von Kindern aufgenommenen Aufgabenvorschläge deshalb häufig durch einen namentlichen Hinweis gekennzeichnet und die Mitgestaltung so für die anderen Kinder transparent gemacht (siehe S. 31).
Fast immer regt dies weitere Kinder der Klasse an, sich am Mitgestaltungsprozess zu beteiligen.

Unabhängig davon, ob ein Wochenplan von der Lehrkraft verordnet oder von den Kindern mitgestaltet wurde, kann er unterschiedlich offen in den Arbeitsmöglichkeiten sein, die den Kindern angeboten werden.

So kann ein Plan z.B. nur Aufgaben ohne Alternativen oder Differenzierungen enthalten. In der Regel sind in einem solchen Plan die Aufgaben von jedem Kind im gegebenen Umfang zu bearbeiten.
Eine Entscheidung durch das Kind, ob es eine Aufgabe bearbeiten will, ist nicht möglich. Ihm bleibt (nur) noch die Wahl, in welcher Reihenfolge, mit welchen Zeitanteilen und mit welchen Partnern es die Aufgaben bearbeiten möchte.

Solche Pläne sind für mich **geschlossene Wochenpläne**. Sie müssen nicht immer von der Lehrkraft verordnet worden sein; auch die Kinder können an einem geschlossenen Plan mitgewirkt haben.

Ein Vergleich von annähernd 100 Wochenplänen verschiedener Lehrer, den ich vor Jahren einmal durchführte, hatte ergeben, dass bei solchen Plänen eine relativ starke Bindung an Schulbücher und Arbeitsblätter üblich ist. Eine Verbindung zu Vorhaben oder Projekten war nur sehr selten gegeben.

Meiner Ansicht nach können und sollten Wochenpläne, ganz gleich ob sie nun verordnet oder von den Kindern mitgestaltet wurden, den Schülern auch mehr Verantwortung am eigenen Lernen einräumen und ein differenziertes Aufgabenangebot zur Auswahl anbieten.

Neben den **Pflichtaufgaben**, die für alle Kinder verbindlich zu bearbeiten sind, können die Pläne z.B. zwei oder drei Aufgaben zu einem Arbeitsschwerpunkt enthalten, von denen nur eine bearbeitet werden muss. Solche **Wahlpflichtaufgaben** werden in meinen Klassen meistens „Oderaufgaben“ genannt.

Der Wochenplan kann aber auch zusätzlich ein Angebot von völlig frei auswählbaren Aufgaben und Aktivitäten (**Wahlaufgaben**) enthalten. Er kann Möglichkeiten und Zeiträume für eigene Ideen, Interessen oder Absichten bereitstellen. Denkbar sind auch Verknüpfungen mit Sachthemen und offenen Unterrichtsprojekten, deren Bearbeitung den Kindern freigestellt ist. Durch solche Aufgabenimpulse im Wochenplan wird eine Verbindung zur Freien Arbeit (siehe S. 37) geschaffen.

Durch die Wahlaufgaben und die freien Aufgaben wird der ursprünglich für alle gleiche Basisplan von den Schülern durch ihre eigenen Entscheidungen individualisiert.

Diese Form der Individualisierung und Mitgestaltung ist meinen Erfahrungen nach nur praktikabel, wenn jedes Kind ein eigenes Exemplar des Basisplanes erhält. Ein gemeinsamer, im Klassenraum aushängender Plan kann von den Kindern nur mit sehr viel zusätzlichem Arbeitsaufwand flexibel genutzt werden.

Wird nur eines der oben beispielhaft aufgezählten Differenzierungselemente in einem Wochenplan angeboten, dann liegt für mich ein durch die Kinder während des Arbeitsprozesses **mitzugestaltender, teiloffener Plan** vor.

Denkbar ist auch, den im Umgang mit Wochenarbeitsplänen geübten Kindern ein Planungsraster ohne exakte inhaltliche Vorgaben zur eigenen Gestaltung des Arbeitsprozesses anzubieten.

Dieses Raster würde dann eventuell nur noch die Hauptarbeitsbereiche angeben, z.B. Schreiben, Mathematik, Forschen. Ein in diesem Rahmen **völlig offener Wochenplan** stellt hohe Anforderungen an die Kinder: Sie müssen für die im Plan aufgeführten Bereiche Aufgaben, Aktivitäten und/oder Vorhaben finden, diese formulieren und sich angesichts angebotener Lernmöglichkeiten für eine geeignete Auswahl entscheiden. Der verbindliche Rahmen könnte dabei z.B. die Arbeit an einem Vorhaben oder Projekt sein.

Meinen Erfahrungen nach wird sich eine Klasse in den ersten drei Grundschuljahren nur sehr selten für einen völlig offenen Plan entscheiden. Dass er den Kindern von der Lehrkraft verordnet wird, ist eher unwahrscheinlich.

Die nachstehende Grafik soll die Zusammenhänge zwischen verschiedenen Wochenplanarten verdeutlichen helfen: Sie zeigt, von wem der Plan gestaltet wurde und dass bei beiden Varianten jeweils drei „Freiheitsgerade“ möglich sind.

2

Plan, der von der Lehrkraft verordnet wurde

Plan, der von den Kindern mitgestaltet wurde

↓

geschlossener Plan
teiloffener Plan
völlig offener Plan

Verschiedene Gestaltungsmöglichkeiten

2 Pläne, die im Klassenraum aushängen

Die Individualisierung eines Planes, der in nur einem Exemplar in der Klasse präsent ist, ist nur mit sehr großem Arbeitsaufwand möglich. Außerdem führt das meinen Erfahrungen nach in aller Regel zu unübersichtlichen Formen. Dennoch kann ein solcher gemeinsamer Plan zu Beginn der Wochenplanarbeit sinnvoll sein, da man daran sehr gut Aufgabentypen und Symbole besprechen kann.

Die einfachste Form eines (undifferenzierten) Klassen-Arbeitsplanes ist das **Anschreiben** des Planes an die Tafel.

Der Lehrer schreibt die Aufgaben an, erläutert die Bearbeitungsmöglichkeiten und gibt den Bearbeitungszeitrahmen vor. Symbole können den Kindern die Orientierung erleichtern.

Eine Variation des angeschriebenen Klassenplanes ist ein aus **Symbolkarten** zusammengestellter Plan. In meiner Klasse hefte ich die Symbolkarten an eine Magnetwand, sodass die Tafel für das Festhalten von Arbeitsergebnissen erhalten bleibt. Es ist aber auch möglich, die Karten mit Heftzwecken an einer Pinnwand o.Ä. zu befestigen. Die einmal gezeichneten Symbole laminiere ich, damit sie immer wieder genutzt werden können. Dabei lasse ich unterhalb der Symbole etwas Platz für Zusatzinformationen wie z.B. Seitenangaben. Diese können dann nach Bedarf mit Folienstift ergänzt werden.

Der eigentliche Arbeitsplan wird bei mir in Absprache mit den Kindern auf drei Ebenen zusammengestellt. In der oberen Ebene stehen die zu bearbeitenden Pflichtaufgaben, darunter die Wahlpflichtaufgaben und in der dritten Reihe die freien Wahlaufgaben. Für die zeitliche Orientierung habe ich neben oder über diesen Plänen immer eine große Uhr hängen, eine weitere Karte gibt das Ende der Bearbeitungszeit als Bildsymbol an.

Beispiel für einen Arbeitsplan mit Symbolkarten

Diese beiden Formen sind gut für einen Tagesplan, aber weniger für einen Wochenplan geeignet.
Soll über mehrere Tage hinweg an dem Plan gearbeitet werden, dann ist es besser, dauerhaftere Lösungen zu finden. Der Plan kann dafür z.B. auf ein Plakat geschrieben werden. Wird das Arbeitsplan-Plakat während der Planungsphase gemeinsam mit den Kindern in der Klasse ausgefüllt, dann lassen sich die Kinder gut an der Aufgabenwahl, der Festlegung nach Pflicht, Wahlpflicht oder Freier Aufgabe und die dafür zur Verfügung zu stellende Zeit beteiligen.

Pläne, die ich den Kindern aushändige

Ausgangsform

Für den wöchentlich neu zu schreibenden Plan hatte ich in der Vor-Computer-Zeit ein Formular entwickelt, in das ich die Aufgaben mit der Hand eintrug. Inzwischen habe ich mit Word ein neues Plan-Formular erstellt, das ich komplett am PC ausfülle. Hier stehen mir zusätzlich eine große Anzahl von Illustrationen und Clip-Arts zur Verfügung, die ich direkt einfügen kann*. Die Verwendung von Formularen ist in jedem Fall zeitsparend. Außerdem gibt die immer wiederkehrende und damit vertraute äußere Form den Kindern Sicherheit und erleichtert die Orientierung.

Zum besseren Erkennen der Aufgaben hatte ich für die Lerntätigkeiten Symbole benutzt. Während ich diese Symbole in den ersten Jahren in allen Jahrgängen zum Einsatz brachte, habe ich sie später fast nur noch in der ersten und zweiten Klasse eingesetzt. Von der dritten Klasse an sind die Lesefertigkeiten der Kinder im allgemeinen so weit entwickelt, dass jedes Kind die Aufgaben lesen kann und auch soll. Hinzu kommt, dass ein Symbol nie so genau eine Aufgabe beschreiben kann, wie man es möglicherweise beabsichtigt. Soll das Symbol dennoch differenzierte Hinweise geben, dann führt das zu einer unüberschaubaren Fülle, die eine schnelle Orientierung eher behindert.

* Wie Sie u.a. Wochenpläne mit Word herstellen, lernen Sie in: Datz, M./Schwabe, R.-W.: Attraktive Arbeitsblätter mit Word. Ein Computerlehrgang für LehrerInnen. Verlag an der Ruhr, 2002. ISBN 3-86072-705-2
Passende Illustrationen finden Sie auf der CD-Rom 800 Attraktive Illustrationen für Ihre Arbeitsblätter. Verlag an der Ruhr, 2002. ISBN 3-86072-765-6

2

Die hier beispielhaft abgebildeten Symbole können und sollen nur eine erste Orientierung sein. Bei der Verwendung von Symbolen sind der Fantasie keine Grenzen gesetzt, nur eindeutig sollten sie sein.

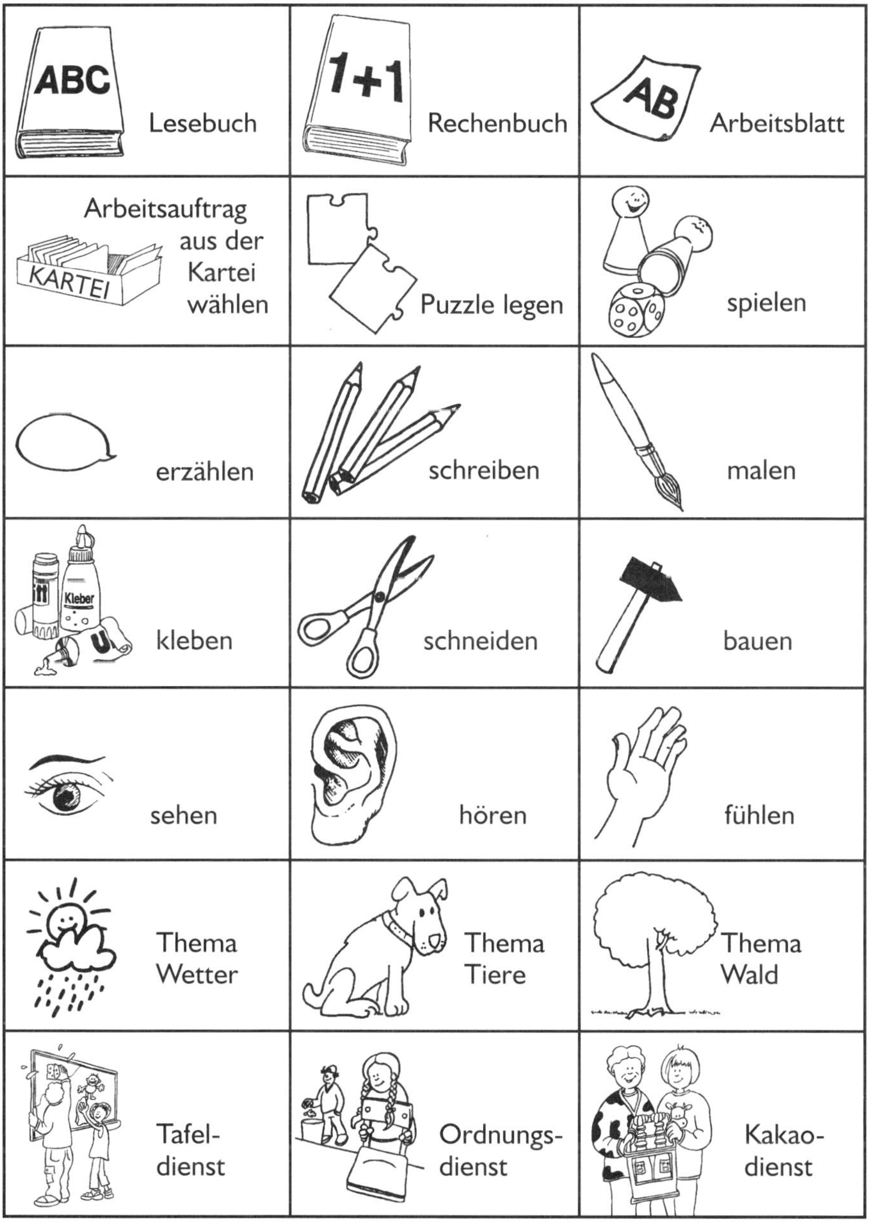

Beispiel für Symbole im Wochenplan

2

Am Anfang meiner „Wochenplan-Zeit“ gab ich den Kindern fast ausschließlich verordnete Pläne. Schon bald traten an ihre Stelle Pläne in der teiloffenen Form, die für die Kinder sinnvolle und manchmal sogar schon individuelle Bearbeitungsalternativen aufzeigten. Bei der „Verordnung“ der Pläne gab ich mir Mühe, die Interessen der Kinder in die Aufgabenstellungen der Wochenarbeitspläne einfließen zu lassen. Später wurden die Kinder von mir dann an der Planung der Wochenarbeitspläne beteiligt. Wie das bei mir geschieht, beschreibe ich ausführlich im Kapitel **Klassenrat** (S. 75).

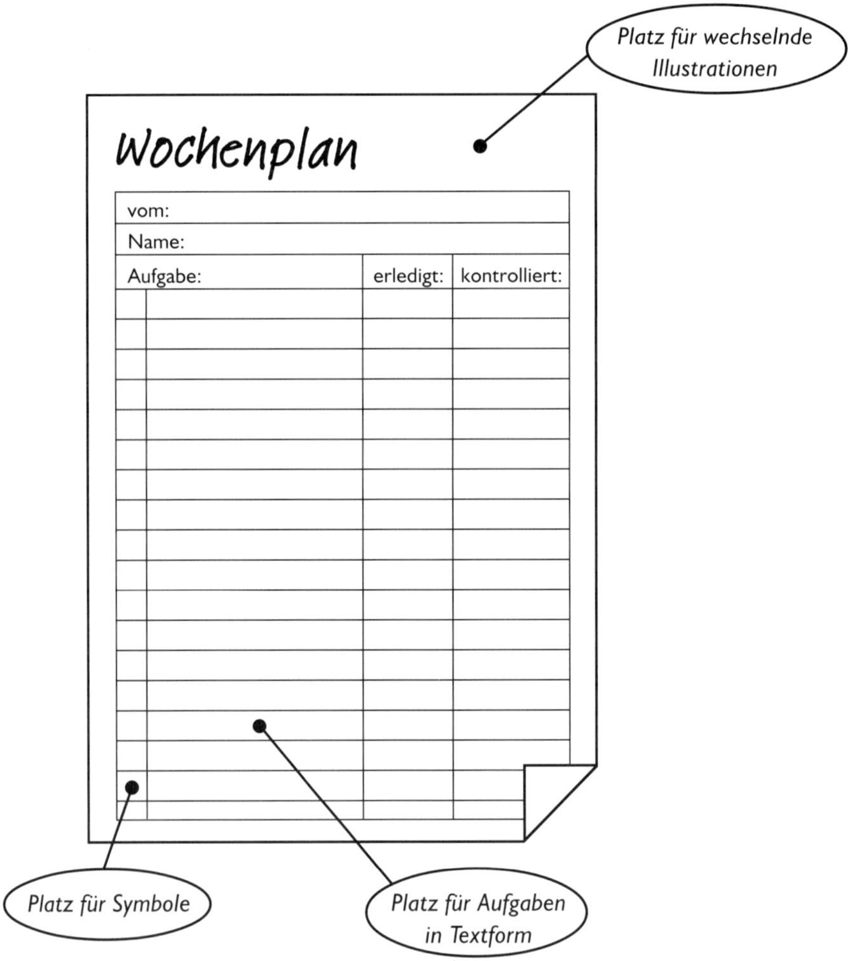

Differenzierungsmöglichkeiten

Will man den Kindern Entscheidungsmöglichkeiten in teiloffenen Arbeitsplänen anbieten, die über die freie Wahl des Arbeitsplatzes, des Partners und der Bearbeitungsreihenfolge hinausgehen, dann müssen für die Kinder die gewährten Freiheitsgrade der Aufgaben eindeutig zu erkennen sein.
Zur besseren Unterscheidung habe ich die verschiedenen Aufgaben mit eigenen Symbolen gekennzeichnet und durch sich abgrenzende Begriffe benannt:

- Pflichtaufgaben
- Sonderaufgaben
- Entscheidungsaufgaben, sog. „Fragezeichenaufgaben“
- Wahlpflichtaufgaben, von den Kindern gern als „Oderaufgaben“ benannt
- kurzfristige Wahlaufgaben, sogenannte „Sternchenaufgaben“, die nur für diesen Plan gelten bzw. nur hier angeboten werden und
- langfristige Wahlaufgaben (freie Aufgaben), die ein Schulhalbjahr lang zur Auswahl stehen und der Freien Arbeit zuzuordnen sind (ursprünglich von den Kindern „Langzeitaufgaben“ genannt).

Pflichtaufgaben

Aufgaben, die ausnahmslos von allen Kindern innerhalb des vorgegebenen Zeitrahmens bearbeitet sein müssen, sind Pflichtaufgaben. Beim Wochenplan haben die Kinder dazu also in der Regel eine Unterrichtswoche Zeit.
Die Pflichtaufgaben können zum Übungsbereich gehören, aber es können auch Aufgaben aus einem aktuellen Vorhaben oder Projekt sein.
Enthält eine Aufgabe in unseren Plänen keine besondere Kennzeichnung, dann ist es immer eine Pflichtaufgabe. Steht sie im Zusammenhang mit anderen Aufgaben, die in ihrer Gesamtheit nicht Pflichtaufgaben sind, dann kennzeichne ich die Pflichtaufgabe innerhalb dieses Angebots zur besseren Unterscheidung mit einem Ausrufezeichen.

 **S. 79**	Lies die Geschichte. Beantworte dann die zwei Fragen schriftlich im Heft.
	Bearbeite mindestens eine Aufgabe aus der Rechenkartei.

Beispiel für Pflichtaufgaben

Sonderaufgaben

Nicht immer haben alle Kinder die angestrebten Ziele zu einem vorher festgelegten Zeitpunkt erreicht. Manche Kinder haben möglicherweise noch Lernrückstände in Teilbereichen, andere brauchen noch zusätzliche Lese-, Rechen- oder Rechtschreibübungen.

Für diese Zwecke habe ich in den Wochenplänen ein freies Feld für die Aufnahme einer individuellen Sonderaufgabe reserviert. Wird von mir für ein Kind dort eine Aufgabe eingetragen, dann ist diese nur für das Kind geltende Sonderaufgabe in dieser Woche eine Pflichtaufgabe.
Trägt ein Kind in das leere Sonderaufgabenfeld selbst eine Aufgabe ein, dann ist diese Aufgabe eine freiwillig zu bearbeitende Wahlaufgabe. Das Kind hat den verordneten Plan zu einem mitgestalteten Plan umgeformt und damit die Offenheit des Planes erhöht.

Entscheidungsaufgaben – „Fragezeichenaufgaben“

Es gibt Inhalte, die müssten zu dem aktuellen Zeitpunkt, dem Geltungsbereich des Wochenplanes, eigentlich bei allen Kindern präsent und gefestigt sein. Doch nicht immer kann man sich da sicher sein. Die Bearbeitung solcher Inhalte dennoch allen Kindern zur Pflicht zu machen, würde für die „Könner“ keinen Lerngewinn bedeuten.
Sie wegzulassen würde den Kindern, die möglicherweise noch einen Übungsbedarf haben, die Chance zur Bearbeitung nehmen. In einem solchen Fall übertrage ich die Entscheidung, ob oder ob nicht zu bearbeiten, den Kindern. Solch eine Aufgabe wird zur „Fragezeichenaufgabe“. Jedes einzelne Kind muss bei der Fragezeichenaufgabe deshalb genau überlegen und ehrlich entscheiden, wie es diese Aufgabe für sich einordnen muss: Wenn das Kind weiß, dass es einen Inhalt, der durch ein Fragezeichen gekennzeichnet ist, noch

Sonderaufgabe	Arbeitsblatt „schriftliche Addition“: Lege die Aufgaben mit Plättchen in der Stellenwerttafel.
? 	Nächste Woche schreiben wir ein Diktat zum Thema „Herbst“. Hast du schon die Lernwörter geübt?
? 	Hast du noch leere Reihen im **1x1**-Pass? Wenn ja, dann übe sie und sage sie Frau Morgenthau auf.

Beispiel für eine Sonderaufgabe und für Entscheidungsaufgaben

nicht sicher beherrscht, dann muss es die dazu ausgewiesene Aufgabe bearbeiten. Für dieses Kind ist die Fragezeichenaufgabe durch die eigene Entscheidung zur Pflichtaufgabe geworden. Wenn das Kind den Inhalt oder die Aufgabe wirklich sicher beherrscht, dann darf es diese Aufgabe streichen oder sie als Wahlaufgabe bearbeiten. Wenn das Kind nicht weiß, wie es sich entscheiden soll, dann soll es sich mit Partnern oder mit mir beraten und dann auf dieser Basis entscheiden.
Bei den Entscheidungsaufgaben hat jedes einzelne Kind wieder die Möglichkeit, einen verordneten Plan zu einem mitgestalteten Plan umzuformen und damit die Offenheit des Planes weiter zu erhöhen.

Wahlpflichtaufgaben – „Oder-Aufgaben“

Wahlpflichtaufgaben bieten die zu erarbeitenden Inhalte im Arbeitsplan differenziert dar. Die Aufgaben können sich im Schwierigkeitsgrad und in der Arbeitsmethode unterscheiden.
Dann führen die Wahlaufgaben die Kinder auf verschiedenen Wegen zum gleichen Ziel.
Wahlpflichtaufgaben können sich aber auch in der Zielstellung unterscheiden, nämlich dann, wenn sie einen Teilbeitrag zur Erlangung eines gemeinsamen, komplexen Ziels leisten, das vom einzelnen Kind nicht zu bewältigen wäre. Das kann z.B. bei der arbeitsteiligen Gruppenarbeit oder beim projektorientierten Arbeiten der Fall sein.

	Schreibe einen Beitrag für unsere Homepage: Schreibe über deine Lieblingsbeschäftigung in der Pause *oder* mache ein Interview mit einem Lehrer deiner Wahl *oder* schreibe über das Schulfest.
	Übe die Lernwörter als Dosendiktat *oder* als Laufdiktat *oder* als Partnerdiktat.
	Bearbeite Nr. 2 schriftlich im Heft *oder* wenn du dich schon sehr sicher fühlst, bearbeite Nr. 3.

Beispiel für Wahlplichtaufgaben

Kurzfristige Wahlaufgaben – „Sternchen-Aufgaben"

Wünschen sich Kinder die Aufnahme von Aufgaben in den Arbeitsplan, die weder zu den Lehrgängen, noch zu den anderen, gerade aktuellen Arbeitsvorhaben passen und die auch nicht von allen Kindern bearbeitet werden wollen, dann werden solche Aufgaben als freie Wahlaufgabe mit einem Sternchen gekennzeichnet. Meistens werden solche Aufgaben von Kindern zur Aufnahme im Wochenplan vorgeschlagen, die sich persönlich mit dieser Problematik oder dem Thema beschäftigen oder die die Unterrichtszeit für die Vertiefung oder Problemlösung des Themas nutzen wollen.

Die Anregungen für solche Wahlaufgaben lehnen sich inhaltlich oder methodisch oft an die aktuellen Arbeitsvorhaben der Klasse an, oder sie haben ihren Ursprung im Freizeit- und Interessenbereich des Kindes, das die Aufgabe vorschlägt.

Hat ein solcher Arbeitsvorschlag bei der Planung der zukünftigen Arbeitswoche im Klassenrat nicht die nötige Mehrheit als Pflicht- oder Wahlpflichtaufgabe gefunden, dann wird von den Kindern als Kompromiss oft vorgeschlagen, diese Aufgabe als Wahlaufgabe im Plan aufzunehmen. Mit der Übernahme der Aufgabe in den Plan wird die Beschäftigung des einzelnen Kindes mit diesem Inhalt von der Klassengemeinschaft „legitimiert". Außerdem gibt es den anderen Kindern die Möglichkeit, sich innerhalb der Woche noch zu entscheiden, ob sie sich ebenfalls diesem Thema zuwenden möchten.

Das Erinnern daran, Beiträge für die Klassenzeitung anzufertigen und bei den Redakteuren abzugeben, wird auf Wunsch der Redakteure ebenfalls regelmäßig als Wahlaufgabe im Plan aufgenommen.
Die Bearbeitung einer Wahlaufgabe ist ausnahmslos immer freiwillig.

	Felix hat vorgeschlagen, weitere Gegenstände aus dem Klassenzimmer zu wiegen und die Ergebnisse in einer Gewichts-Tabelle zu notieren.
	Gestalte für unsere Fundobjekte aus dem Wald einen Guckkasten. Wie das geht, erfährst du bei Recep.
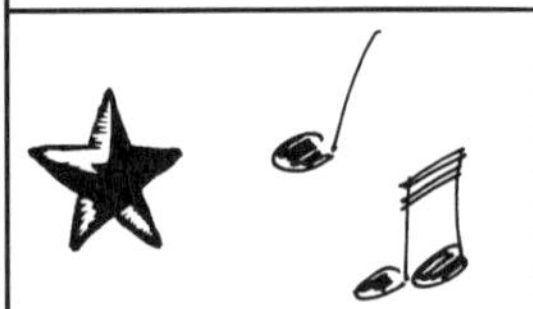	Julia hatte die Idee, ein Lied von den „No Angels" für das Klassenfest einzuüben. Dazu hat sie eine Playback-CD mitgebracht. Wenn du mitmachen möchtest, wende dich an Julia.

Beispiel für kurzfristige Wahlaufgaben

Langfristige Wahlaufgaben – „Langzeit-Aufgaben“

Diese Wahlaufgaben sind freie Aufgaben, die den Kindern ein Schulhalbjahr lang zur Auswahl stehen. Dazu kann z.B. die Arbeit mit einer Übungs-Kartei gehören, die unabhängig vom Lehrgang bearbeitet werden soll.

Ich habe diese langfristigen Aufgaben auf Wunsch der Kinder in den Wochenplan aufgenommen. Da sie den Wochenplan immer mehr als eine Art Arbeits-Tagebuch ansahen, wollten sie gerne auch Aufgaben aus dem Bereich der Freien Arbeit darin festhalten. Um den Kindern ein Gefühl davon zu vermitteln, wie viel Zeit ihnen insgesamt für diese Aufgaben zur Verfügung steht, habe ich sie mit einem Symbol versehen, das das Ende des Bearbeitungszeitraumes anzeigt.

Inzwischen habe ich den Bereich der Freien Arbeit neu gewichtet. Die Freie Arbeit hat jetzt einen deutlich größeren Anteil in der Organisation meines Unterrichts. Als Strukturierungs- und Planungshilfe habe ich deshalb die Kontrollkarte für die Freie Arbeit entwickelt. Auf diese Form der Dokumentation und Selbstkontrolle werde ich ausführlich im Kapitel „Freie Arbeit“ (S. 37) eingehen.

Langzeit-Aufgabe bis 16 Juli	Lies ein Buch aus der Leseecke ganz durch. Schreibe dazu einen Buch-Tipp.

Beispiel für eine langfristige Wahlaufgabe

2

Hausaufgabenplan

In den ersten und zweiten Jahrgängen haben die Kinder bei mir fast immer selbst bestimmt, ob und welche Hausaufgaben sie machen wollten.
Nur selten habe ich ihnen eine bestimmte Aufgabe vorgegeben.
Später habe ich mich entschlossen, von der dritten Klasse an den Kindern Hausaufgabenvorschläge zu geben.
Die Gründe dafür lagen nicht so sehr in der Sache, als vielmehr an den Umständen, dass einige besorgte Eltern ihre Kinder zum Anfertigen von umfangreichen Hausaufgaben gezwungen hatten.
Als ich in der Anfangszeit noch nicht mit einer „jahrzehntelangen" Erfahrung argumentieren konnte, herrschte sicherlich bei manchen Eltern auch Angst vor, dass ihr Kind bei einem solchen Unterricht nicht ausreichend viel und gut lernen würde. Die von den Eltern „ersatzweise" gegebenen Hausaufgaben hatten fast immer mit dem eigentlichen Unterrichtsgeschehen wenig gemein.

Als Ausweg aus diesen auseinanderstrebenden Zielrichtungen habe ich den Kindern meiner Klassen dann mit einem Hausaufgabenplan ein Instrument in die Hand gegeben, mit dessen Hilfe sie zielorientiert zu Hause arbeiten können.
Die dort ausgewiesenen Aufgaben sind aber gleichzeitig auch für die Eltern zusätzliche Orientierungspunkte für die Leistungserwartungen, die ich von den Kindern habe. Manchmal kommt es mir auch nicht ungelegen, dass ich manche Übungsaufgaben auf die Hausaufgaben verlagern kann.

In der Klasse bleibt uns dann mehr Unterrichtszeit für methodisch und inhaltlich wertvollere Aktivitäten.

Die Hausaufgaben biete ich in zwei Schwierigkeitsgraden an. Das einzelne Kind kann selbst wählen, ob es die leichteren (•) oder die schwierigeren (• •) Aufgaben bearbeiten will.
Oft sind die schwierigeren Aufgaben nicht so umfangreich wie die leichteren.
Die Verteilung auf die Wochentage ist ein Vorschlag, die Kinder können aber eine eigene Bearbeitungsreihenfolge auswählen. Auch ist es gestattet, innerhalb einer Woche zwischen den Schwierigkeitsgraden zu wechseln.
Im Gegenzug dazu ist das Anfertigen von den Aufgaben aus dem Wochenarbeitsplan nur im Unterricht gestattet.
Eine Bearbeitung der Wochenplan-Aufgaben als Hausaufgabe ist nicht erwünscht.

Das hat für mich den positiven Nebeneffekt der kritischen Selbstbeschränkung. Der Plan darf immer nur so viele Pflicht- und Wahlpflichtaufgaben enthalten, wie die Kinder in der zur Verfügung gestellten Unterrichtszeit bearbeiten können. Außerdem sollte ihnen dabei noch Zeit für spontane Arbeitsvorhaben bleiben.
Oft konnte ich beobachten, dass der Drang, den Wochenplan immer perfekter und vollständiger zu machen, dazu führen kann, die Anforderungen und den Arbeitsumfang zu überziehen.
Die Folge war dann „Wochenplanstress" in den Familien.

13.01. – 17.01.2003

Die beste Arbeitszeit ist gegen 16.00 Uhr

● oder ●●

Mo	1+1 S. 24, Nr. 5a,b	1+1 S. 24, Nr. 6
Di	ABC S. 35 Suche dir aus dem Lesebuch eine Geschichte aus und übe sie laut zu lesen. Am Freitag ist Vorlesestunde!	
Mi	AB Löse die Zauberquadrate Nr. 1 und 2.	AB Löse die Zauberquadrate Nr. 1 und 3.
Do	AB Kreise auf dem Blatt alle Verben (Tu-Wörter) ein.	AB Kreise auf dem Blatt alle Verben (Tu-Wörter) ein. Unterstreiche alle Nomen (Namen-Wörter).
Fr	Gib spätestens heute alle Hausaufgaben ab.	

Die Verteilung der Hausaufgaben auf die Wochentage ist ein Vorschlag. Von diesem Plan kann abgewichen werden.

Beispiel für einen Hausaufgabenplan

Arbeitsplan in Heftform

Meine ersten hundert Wochenarbeitspläne hatte ich auf DIN-A4-Blättern, zuerst im Quer-, später dann im Hochformat angefertigt. Jedes Kind erhielt davon wöchentlich ein Exemplar.

Später habe ich dann festgestellt, dass die meisten Grundschulkinder lieber mit kleineren Arbeitsblättern umgehen. Deshalb fertige ich alle meine Arbeitspläne, seien es Tages- und Wochenpläne oder die später noch zu beschreibenden Kontrollkarten für die Freie Arbeit, seit mehr als 10 Jahren nur noch als kleine Arbeitsplan-Hefte im Format DIN-A5 an.

Ein solches Arbeits-Heft ist ein geknicktes und beidseitig bedrucktes DIN-A4-Blatt. Dadurch entsteht ein Heft mit vier Seiten.

Jeder Plan hat eine großzügig gestaltete **Titelseite**. Die Titelseite hat ausreichend Platz für ein Titelbild und einige, auch für die Kinder wichtige statistische Angaben: Plannummer, Klasse, Name, Datum und Schulname. Das Titelbild kann sich z.B. an einem in dieser Woche wichtigen Vorhaben orientieren: Das können Bilder aus Lesetexten, Fotos oder ein aussagekräftiges „Werbebild“ für eine Freiarbeitsaufgabe sein. In einer Klasse schmückte ein Schüler die Titel mit themenbezogenen Karikaturen.

Die **linke Innenseite** ist in den Arbeitsplan-Heften für Pflicht- oder Wahlpflichtaufgaben mit allen schon vorher beschriebenen Differenzierungs- und Individualisierungsmöglichkeiten reserviert.

Auf der **rechten Innenseite** ist Platz für die Aufnahme von geeigneten Aufgaben zu aktuellen Unterrichtsvorhaben.

Auf der **Rückseite** ist Raum für Angaben zur Klassenselbstverwaltung und für Hinweise zu Klassengeschehnissen.

2

Wochenplan Nr. 8

vom 4. – 8. September

Klasse 3b

Grundschule Talbachstraße

Name: ______________________________

Beispiel für einen Wochenplan – Titelseite

2

	Lies den Text. Setze die fehlenden Punkte und schreibe den Text richtig ab. Achte darauf, dass du nach einem Punkt groß weiterschreiben musst.	✓
	Hast du schon deine Fehler aus dem Regenwurm-Diktat berichtigt? Die Berichtigung soll bis spätestens Freitag fertig sein.	
 **S. 32**	Nr. 2, 3 und 5. Schreibe deine Rechenwege auf.	
	Bearbeite mindestens 2 Aufgaben aus der „Längen-Kartei“.	
	Übe mit einem Partner täglich 10 Minuten Kopfrechenaufgaben im Zahlbereich bis 1000. Mo ☐ Di ☐ Mi ☐ Do ☐ Fr	
	Baue nach der Anleitung im Wetter-Heft ein Windmessgerät und probiere es aus _oder_ Löse das Windstärken-Puzzle _oder_ mache das Experiment zur Luftbewegung und schreibe deine Beobachtungen auf.	
Langzeit-Aufgabe bis 	Bearbeite mindestens 10 Aufgaben aus der Experimentier-Kartei.	

Beispiel für einen Wochenplan – linke Innenseite

2

	Lerne eines der Hexengedichte auswendig und übe es vorzutragen. Um es interessanter zu machen, kannst du dazu deine Stimme wie eine Hexe verstellen! <u>Oder</u> erfinde zu einem der Hexengedichte eine passende Musik.	
	Schreibe einen Beitrag für unser Hexen-Lexikon. Achtung: Die Beiträge sind alphabetisch geordnet.	
	Lennard und Bastian haben ein Hexen-Quiz erfunden. Um es zu lösen, solltest du das Buch von der Hexe Lakritze gelesen haben.	
	Erinnere dich an die Geschichte von den Wetterhexen. Suche dir eine der vier Hexen aus und male sie.	
	Kübra möchte alles über die Rezepte der Kräuterhexen herausfinden. Wenn es solche Kräuter bei uns gibt, möchte sie einen Kräutertrank brauen. Dazu sucht sie noch Partner.	
	Am Computer findest du eine Liste mit Internetadressen über Hexen. Wenn du ins Internet möchtest, melde dich bei Frau Morgenthau.	

Beispiel für einen Wochenplan – rechte Innenseite

2

 **Tafeldienst**	Sebahat und Marco
 **Getränkedienst**	Julian und Esra
 **Pflanzendienst**	Lennard
 **Ordnungsdienst**	Tina, Marie und Tariq
Termine:	Das Forum findet am Freitag bereits in der dritten Stunde statt.
Sonstiges:	Das aktuelle Lied der Woche für den Abschlusskreis ist „Hexen hexen“. 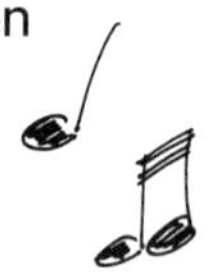

Beispiel für einen Wochenplan – Rückseite

Die Arbeit mit Wochenplänen

2 Planungsphase und Selbstverpflichtung

Arbeitsphasen, in denen die Kinder die im Wochenplan gestellten Aufgaben zu bearbeiten haben, werden in meinem Unterricht in der Regel mit einem Planungstreffen eingeleitet.

Dazu treffen wir uns an einem großen Besprechungstisch, an dem alle Kinder der Klasse Platz haben. Wenn ein solcher Tisch in der Klasse nicht vorhanden ist, kann auch ein Gesprächskreis vor der Tafel gebildet werden. Zuerst haben die Kinder Gelegenheit, sich alle Aufgaben des Planes durchzulesen. Danach wählt jedes Kind nur für sich Aufgaben aus. Es berücksichtigt dabei die bisherigen Arbeitsfortschritte und die eigenen Arbeitsinteressen.

Anschließend erhalten die Kinder die Gelegenheit, Arbeitsabsprachen mit möglichen Partnern zu treffen. Dadurch sollen sie zum sozialen, partnerschaftlichen Lernen angeregt werden. Danach gibt jedes Kind reihum sein oder seine Arbeitsvorhaben für diese Stunde bekannt. Dabei nennt es auch die Partner, mit denen es die Aufgabe gemeinsam bearbeiten möchte, oder erbittet sich, falls gewünscht, Hilfe. Kindern, die in ihrer Auswahl Schwierigkeiten haben, dürfen sich bis zum Ende der Auswahlrunde alle Arbeitsvorhaben der Mitschüler anhören und sich erst dann entscheiden. Ist ihnen das auch dann noch nicht möglich, mache ich ihnen einen begründeten Vorschlag.

Diese Phase ist eine Form der Selbstverpflichtung und soll auch entscheidungsschwache Kinder veranlassen, sich für eine Arbeit zu entscheiden. Die Veröffentlichung der jeweiligen Arbeitsvorhaben macht es den Kindern schwerer, sich während der eigentlichen Wochenplanarbeit ziellos treiben zu lassen.
Außerdem sind diese Angaben der Kinder für mich wichtig, da ich nur so mein Unterrichtshandeln für den folgenden Unterrichtsabschnitt an den Bedürfnissen der Kinder planen, anpassen und festlegen kann. Abschließend weise ich noch einmal auf den zur Verfügung stehenden Arbeitszeitraum hin und entlasse die Kinder in die Arbeit.

Handlungsphase

Die Kinder bearbeiten nun an ihren Plätzen, an extra aufgestellten Tischen, am großen Tisch, auf dem Fußboden, im Flur, im Gruppen- oder Computerraum ihre ausgewählten Wochenplanarbeiten. Dabei können sie allein, mit Partner(n) oder mit mir zusammenarbeiten.

In dieser Phase stehe ich den Kindern zur Verfügung, um ihnen z.B. einen Lösungsweg zu erklären, um fertig gestellte Arbeiten sofort nachzusehen oder um Arbeitsstände zu notieren. Sollten Kinder nicht ihrer eigenen Zielangabe entsprechend arbeiten, werde ich sie an ihre Aufgaben erinnern.
Kurz vor dem Ende der Handlungsphase spreche ich gezielt einige Kinder an, ob sie ihre Arbeiten in der Veröffentlichungsphase vorstellen möchten. Dadurch kann ich schon vorweg steuern, ob Gruppen zusammen etwas vorstellen, dass verschiedene Arbeiten präsentiert werden oder dass auch zaghafte Kinder sich darauf vorbereiten, ihre Arbeiten zu zeigen.

Am Schluss dieser Tages-Arbeitsphase werden nur die Kinder ihre Arbeiten ganz beendet haben, deren Aufgaben nicht so umfangreich waren oder die schon zu früherer Zeit daran gearbeitet hatten. Es ist aber auch gestattet und erwünscht, dass die Kinder Zwischenergebnisse vorstellen. So können die Mitschüler einen besseren Einblick in den Prozess der Ergebnisfindung gewinnen.

Veröffentlichungsphase

Gegen Ende der Arbeitszeit lasse ich über den CD-Player eine den Kindern bekannte „Aufräummusik“ abspielen. Ich habe hierzu eine ruhige Instrumentalmusik gewählt, mit der die Arbeitsphase angenehm ausklingen kann. Während die Musik läuft, räumen die Kinder auf und setzen sich dann mit ihren Arbeitsergebnissen an den Versammlungsplatz. Nur selten muss ich einzelne Kinder zusätzlich auf das Ende der Arbeitsphase hinweisen.

Einige Kinder stellen die Arbeiten vor, die sie in der Handlungsphase bearbeitet haben. Wurden überwiegend nur Übungsaufgaben bearbeitet, dann werden vermutlich nur wenige Aufgaben vorgestellt, da sie für eine Präsentation nicht attraktiv genug sind.

Innerhalb einer Unterrichtswoche arbeiten die Kinder jedoch nicht nur an den Pflicht- und Wahlpflichtaufgaben, sondern auch an kurz- und langfristigen Wahlaufgaben. Diese Vielfalt hat zur Folge, dass nicht alle Inhalte von allen Kindern der Klasse gleich intensiv bearbeitet werden. Die Veröffentlichungsphase im Anschluss an die Wochenplanarbeit ist eine von mehreren Gelegenheiten, die Arbeitsergebnisse der Mitschüler und die Wege, die zu den gegenwärtigen Ergebnissen führten, kennen zu lernen.

Dieser Informationsaustausch erfordert von allen Beteiligten hohe Konzentration: Der Informant muss sein eigenes Lernhandeln im Rückblick so verbalisieren und veranschaulichen können, dass seine Mitschüler Absicht, Weg und Ergebnis gedanklich nachvollziehen können. Das gelingt umso besser, je mehr sich das Kind bei der Informationsvermittlung nicht nur auf Sprache stützt, sondern dafür auch Bilder, Grafiken, Handlungen und gegenständliche Produkte heranzieht.

Die Mitschüler müssen der Präsentation aufmerksam folgen und die vorgestellten Arbeitsergebnisse in Beziehung zu eigenen Wissenselementen setzen. Gelingt das nicht, dann müssen die Kinder durch Nachfragen versuchen, den noch nicht erkannten Zusammenhang herzustellen.
Als Folge dieses wechselseitigen Abhängigkeitsverhältnisses ist zu beobachten, dass sich die Vortragenden um eine eindeutige Wissenspräsentation bemühen, die Zuhörer den Aussagen aufmerksam folgen und sachbezogen nachfragen, wenn sie einen Sachverhalt nicht ausreichend verstanden haben.
Beobachtern fällt immer wieder die konzentrierte Aufmerksamkeit und das weit gehende Fehlen von Störungen bei der Präsentation auf. Für die Kinder scheint das eine selbstverständliche Verhaltensweise zu sein, denn schließlich berichten oder hören sie von „ihren" Arbeiten. Außerdem wissen sie, dass sie sich früher oder später selbst in der Rolle des Vermittlers befinden werden und dann auch fair behandelt werden möchten.

Bei der Präsentation

3

Freie Arbeit

- Organisatorische Strukturen
- Entscheidungshilfen für die Aufgabenwahl
- Arbeitsabläufe

3

Organisatorische Strukturen

Freies Arbeiten soll den Kindern Gelegenheit geben, zunehmend selbstständig Inhalt, Ziel und Gestaltung ihrer Aktivitäten zu wählen. Sie können ihre individuellen Fähigkeiten und Grenzen entdecken, Neigungen erproben und neue Interessen gewinnen.

Freies Arbeiten ist als Einzeltätigkeit oder in kleinen Gruppen möglich. Als Lehrerin habe ich dabei die Gelegenheit, einzelne Schüler genauer zu beobachten und ihre Interessen sowie ihr Arbeitsverhalten kennen zu lernen.
Ich biete meine Hilfe an, versuche mich jedoch nicht aufzudrängen. Ich lockere meinen Unterricht flexibel mit Phasen der Freien Arbeit auf, wenn sie von den Schülern angeregt werden oder sich aus dem Unterricht ergeben. Eine entsprechende Ausstattung des Klassenzimmers als Raum mit Angebotscharakter (siehe S. 100) bietet vielfältige Möglichkeiten für selbstständiges Lernen.

Die Kinder müssen in der Freien Arbeitszeit entweder eine von mir bereitgestellte Wahlaufgabe („Langzeitaufgabe") oder eine völlig frei gewählte Aufgabe bearbeiten. Dabei erwarte ich von den Kindern, dass sie zielorientiert arbeiten. In dieser Zeit dürfen auch keine Übungsaufgaben und sollen so lange keine Aufgaben aus den anderen gemeinsamen, projektorientierten Vorhaben bearbeitet werden, bis die für die Freie Arbeit festgelegten Mindestanforderungen erfüllt worden sind.

Für die Freie Arbeitszeit stelle ich den Kindern ein umfangreiches und an das jeweilige Schuljahr angepasstes Auf-

gabenangebot zur Verfügung. Die von mir bereitgestellten Wahlaufgaben orientieren sich am registrierten Interesse der Kinder und berücksichtigen außerdem Inhalte der verschiedenen Unterrichtsfächer, die sich meiner Ansicht nach besonders gut für die Freie Arbeit eignen. Die Kinder finden also in jedem Halbjahr eine vorbereitete Lernumgebung vor, die sich kontinuierlich, je nach dem Lernvermögen, den neuen Interessenschwerpunkten und meinem Aufgabenvorrat verändert.
Im ersten Schuljahr sind in meinen Klassen diese Aufgabenangebote noch reine Wahlaufgaben. Es gibt zu diesem Zeitpunkt noch keinen zu erfüllenden Mindestumfang. Das Kind entscheidet völlig frei, ohne Vorgabe, woran es arbeiten will – nur arbeiten im weiteren Sinne muss es.

Vom zweiten Schuljahr an erhalten die Kinder von mir für jedes Halbjahr eine verbindliche Vorgabe, wie viele Aufgaben sie aus jedem Bereich mindestens bearbeiten müssen, um die Ziele zu erreichen. Durch die in der vorbereiteten Umgebung angebotenen Aufgaben und durch die gemeinsam abgesprochenen Zielvorgaben werden die Kinder in ihrer freien Arbeit indirekt gestützt und gesteuert. Gestützt, weil nicht jedes Kind aus eigenem Antrieb sich Aufgaben stellen kann, gesteuert, damit die kostbare Unterrichtszeit nicht durch ziellose Beschäftigungen vertan wird. Immerhin arbeiten die Kinder meiner Klassen ca. fünf Unterrichtsstunden pro Woche in dieser Form.

Zusammengefasst lässt sich also sagen, dass die Kinder in der Freien Arbeitszeit selbst entscheiden müssen, welche Aufgabe sie an welchem Arbeitsplatz wie schnell bearbeiten und mit wem sie zusammenarbeiten wollen.

Wählt ein Kind völlig frei eine Aufgabe aus, dann muss es diese Aufgabe mit mir absprechen. Gemeinsam entscheiden wir, ob diese Aufgabe als Wahlaufgabe im Sinne der vorher festgelegten Ziele anerkannt werden kann.

Kinder bei der Freien Arbeit

Arbeitsmaterial

3

Viele Aufgaben, die ich in der Freien Arbeitszeit zur Bearbeitung anbiete, sind mit einem bestimmten Material zu lösen, z.B. Tangram-Spiele, Würfel, Quader, Spiegel, Texte usw.

Das Material sollte meinen Vorstellungen nach mehr als nur ein lustbetontes Beschäftigungsmaterial sein. Die Kinder sollen vielmehr zu einer aktiven Auseinandersetzung mit dem Sachverhalt angeregt werden. Das Material sollte den Kindern die Möglichkeit bieten, bereits erarbeitete Inhalte zu vertiefen und zu festigen.

Ich bemühe mich, den Kindern meiner Klassen Arbeitsmaterial und Arbeitsmittel bereitzustellen, die den nachstehend aufgelisteten Kriterien entsprechen oder nahe kommen.

- Das Material soll selbsttätiges oder selbstständiges Lernen ermöglichen, es soll möglichst autodidaktisch sein und es soll Kontrollmöglichkeiten enthalten.
- Für einen Lerninhalt sollte verschiedenes Material vorhanden sein, das möglichst verschiedenen Lerntypen gerecht wird.
- Das Material- und Aufgabenangebot sollte dem Kind eine wirkliche Auswahl ermöglichen.
- Material und Aufgaben sollten einen hohen Anregungs- und Aufforderungsgrad besitzen.

Auf der Suche nach gehaltvollem Arbeitsmaterial, mit dem die Kinder möglichst selbstständig umgehen können und das auch noch einen Lernzuwachs erbringen soll, bin ich immer wieder auf Schwierigkeiten gestoßen.

Ist ein Material methodisch zu eng auf einen bestimmten Schulbuch-Lehrgang abgestimmt, dann ist es außerhalb dieses Lehrganges nur selten als Wahlaufgabe brauchbar. Anderes Material, das mich auf den ersten Blick faszinierte, hielt oft in der Praxis nicht das, was es mir zu versprechen schien.

Noch ärgerlicher war es für mich allerdings, wenn ein wirklich gehaltvolles Arbeitsmaterial nach kurzer Beschäftigung ungenutzt im Klassenraum verstaubte. Obwohl das Material vielfältige Möglichkeiten geboten hätte, sich über Tage oder sogar Wochen damit zu beschäftigen, konnten die Kinder dann offensichtlich dieses Potenzial nicht aus eigener Kraft für sich erschließen.
Es kam auch immer wieder vor, dass ein Material von den Kindern sachfremd benutzt wurde. Häufig konnte ich das z.B. bei Hohl- und Längenmaßen oder bei geometrischen Körpern beobachten.

In meinen Klassen war es überwiegend so, dass sich der Bildungsgehalt von Lernmaterialien den meisten Kindern nicht automatisch ohne mein Zutun erschloss. Die meisten Kinder erkannten ohne Hilfestellungen, ohne Impulse, ohne Aufgabenstellungen die im Material angelegten Strukturen nicht.

Die Konsequenz war für mich, den Kindern Bearbeitungs- und Entscheidungshilfen zu den Arbeitsmaterialien anzubieten, die Impulse für die Bearbeitung geben, ohne die eigene Kreativität der entdeckend lernenden Kinder einzuengen.

Das war für mich der entscheidende Anlass, Arbeitsanleitungen in Form von Arbeitskarteien und später auch in Form von Arbeitsheften für mein Freiarbeitsmaterial anzufertigen.

Dem **Material** sollte die Aufgabe zukommen, die Aufmerksamkeit des Kindes zu fesseln und es zur Bearbeitung der dazugehörigen Aufgaben zu motivieren.

Die dazu erstellten **Aufgabenkarteien oder Arbeitshefte** sollten für die Kinder die Impulsgeber, Moderatoren und bindenden Elemente über die gesamte Bearbeitungszeit hinweg sein.

Die **Aufgabenstellungen** auf den Karteikarten oder in den Arbeitsheften sollten so formuliert sein, dass ein ausgewogenes Arbeiten zwischen Bindung und Öffnung möglich ist.

Die Arbeitskarteien und Aufgabenhefte sollten

- eine **Differenzierung** ermöglichen: Es sollten sowohl die leistungsschwächeren, als auch die leistungsstärkeren Kinder damit arbeiten können.
- so gestaltet sein, dass fast alle Kinder die vorgegebenen Aufgaben mit ihrem Vorwissen und entsprechender Anstrengung bearbeiten konnten.
- den leistungsstarken Kindern Anregungen bieten, die vorgegebenen Aufgaben zum Ausgangspunkt für eigene, nicht durch die Kartei oder das Arbeitsheft vorgegebene Erweiterungen oder Neuschöpfungen zu nutzen.

So entstanden nach und nach im stillen und aktiven Dialog mit den Kindern meiner Klassen Arbeitskarteien und Arbeitshefte für das freie und offene Arbeiten.

Der Grundkonzeption entsprechend sind sie keine geeigneten Arbeitsmittel für die letzten 10 Minuten einer herkömmlichen Unterrichtsstunde.
Die Freie Arbeit kann nur dann erfolgreich sein, wenn den Kindern dafür genug Zeit eingeräumt wird!

Die Aufgabenserien werden von mir so gestaltet, dass einer Karte oder Arbeitsheftseite immer nur eine Aufgabe zugeordnet ist. Dadurch ist es den Kindern möglich, innerhalb einer Unterrichtsstunde mindestens eine Teilaufgabe (Karteikarte oder Seite im Arbeitsheft) abzuschließen und dadurch die Stunde mit einem Erfolgserlebnis abzuschließen.

Durch die Zuordnung einer Aufgabe zu einer Karte oder Heftseite werden die Seiten für die Kinder klar und übersichtlich.

Das Material motiviert und fesselt die Aufmerksamkeit des Kindes am Anfang, die Aufgabenkarteien oder Arbeitshefte sind die Impulsgeber und Moderatoren über eine längere Phase hinweg.
Sehr oft sind die Karteien oder Arbeitshefte in meinen Klassen der Ausgangspunkt zu eigenen, nicht durch die Kartei oder das Heft vorgegebenen Erkundungen geworden.

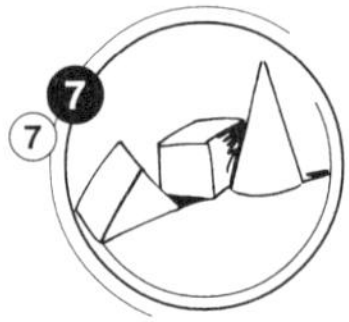

7

Eigenschaften von Dingen ertasten

Ihr braucht:
- 1 Partner
- verschiedene Dosen und Schachteln

So geht es:
Einer wählt einen Gegenstand aus und gibt ihn dem anderen, der die Augen geschlossen hält, in die Hand.
Der Zweite soll möglichst genau beschreiben, welche Eigenschaften der Gegenstand hat.

Rollen wechseln!

Mathe mit geschlossenen Augen A 20

Beispiel für eine Aufgabe aus der Arbeitskartei

Wahlaufgabe heißt nicht wahllose Aufgabe

Wenn die Kinder in der Freien Arbeit selbst bestimmen, an welchen Aufgaben sie arbeiten, könnte man leicht vermuten, dass die Arbeiten dann zufällig und beziehungslos werden, dass die Kinder wichtige Inhalte nicht berücksichtgen.

Der Zufall wird von mir dadurch minimiert, dass ich eine gezielte Auswahl der angebotenen Aufgaben immer nur für ein Schulhalbjahr zur Bearbeitung anbiete. Außerdem mache ich den Kindern bestimmte Vorgaben, die sicherstellen, dass z.B. im Mathematikbereich mindestens je eine arithmetische und eine geometrische Aufgabe und eine Mindestanzahl an Wahlaufgaben bearbeitet werden muss. Hier muss man jedes Halbjahr neu das für die Klasse angemessene Maß finden. Nichts an Steuerungsmaßnahmen ist unmöglich, die Vorgaben müssen meiner Ansicht nach den Kindern nur transparent gemacht werden.

Durch die inhaltliche Vernetzung des von mir angebotenen Materials versuche ich, den Kindern Übergänge zwischen den verschiedenartigen Wahlaufgaben zu erleichtern. In verschiedenen Aufgabenserien greife ich bestimmte Themen immer wieder auf. So werden beispielsweise symmetrische Spiegelungen beim Legen von Mustern, beim Spannen von Figuren auf dem Geobrett, beim Legen von Tangram-

Figuren, beim Bauen mit Würfeln oder beim Herstellen von Faltfiguren in immer neuen Zusammenhängen aufgegriffen und trainiert. Hat ein Kind z.B. Muster gelegt und besondere Freude an den Spiegelmustern gefunden, dann wendet es sich möglicherweise danach den Spiegelaufgaben zum Geobrett oder den Tangram-Aufgaben zu. Bei der Bearbeitung dieser Aufgaben können durch das neue Material neue inhaltliche Interessen geweckt werden, die den Arbeitsfluss des Kindes dadurch in eine neue Richtung lenken. Die Aufgabenserien sind von mir nummeriert und nehmen mit steigender Zahl im Anspruch zu. Sie sind aber in der Regel in sich abgeschlossen und jede kann für sich allein bearbeitet werden.

Arbeitskarteien herstellen

Ich stelle alle Arbeitskarteien und Arbeitshefte im Querformat DIN-A5 her. Bewusst halte ich das Aufgabenangebot auf einer Karteikarte oder einer Heftseite gering und übersichtlich, denn bei sehr umfangreichen Seiten lässt meinen Beobachtungen nach der Bearbeitungswille der Kinder spürbar nach. Für das Kind ist es eine unschätzbare Motivation und Belohnung, wenn es die auf der Karte oder der Heftseite angebotene Aufgabe innerhalb einer Freiarbeitsstunde vollständig bearbeiten konnte.

Jede Arbeitskartei oder jedes Arbeitsheft besteht bei mir aus ca. 12 bis 24 Seiten. Die Aufgaben einer kompletten Kartei sind für ein Grundschulkind in einer überschaubaren Zeit zu bearbeiten, gleichzeitig aber auch nicht schon nach einstündigem Gebrauch abgearbeitet. Dadurch versuche ich, eine ausgewogene Balance zwischen Anreiz, Anspannung, Anforderung und Anstrengung aufrechtzuerhalten. Die Schwierigkeit der Aufgaben nimmt innerhalb meiner Karteien oder Hefte zu, die Aufgaben sollten sinnvollerweise in der angegebenen Reihenfolge bearbeitet werden.

Die Karten können den Kindern in einem Karteikasten lose zur Bearbeitung angeboten werden. Dabei ist es vorteilhaft, sie in DIN-A5-Plastikhüllen zu stecken oder zu laminieren. Dieses Verfahren hat den Vorteil, dass die Aufgaben von kleinen Teams mit unterschiedlicher Arbeitsgeschwindigkeit gemeinsam bearbeitet werden können. Es sollte darauf geachtet werden, dass die Reihenfolge der Karteikarten in regelmäßigen Abständen wieder hergestellt wird. Es ist auch möglich, die Karten in der vorgegebenen Abfolge zusammenzuheften, z.B. in DIN-A5-Transparenthüllen mit Heftrand und Heftstreifen oder besser mittels Ringbindung.

Sinnvoll ist es auch, die selbst hergestellten Karteien farbig auszugestalten. Farbige Karten werden von den Kindern lieber angenommen.

Fast alle Aufgabenkarteien sind produktorientiert. Die Arbeitsergebnisse sollen die Kinder bei mir in **Themenheften** festhalten. Sind die Zeichen- oder Schreibarbeiten zu komplex, dann lege ich der Kartei entspre-

3

chende Arbeitsblätter bei. Diese Arbeitsblätter erleichtern das Fixieren der Arbeitsergebnisse, enthalten aber keine Aufgabenstellungen.

Die Arbeitsblätter zu meinen Experimentierkarteien im Sachunterricht geben den Kindern z.B. nur eine Art Grundschema vor.

Name .... Datum ....

Das Experiment habe ich durchgeführt

Material

....

....

....

....

....

Das habe ich vermutet

....

....

....

....

Das habe ich herausgefunden

....

....

....

....

Beispiel für einen Arbeitsblatt aus der Experimentierkartei

3

Karteikästen selbst herstellen

Karteikästen kann man im Lehrmittelhandel und in Geschäften für Bürobedarf kaufen. Die einen sind praktisch und teuer, in die anderen passen die laminierten oder in Klarsichttaschen „eingetüteten“ Karteikarten nicht hinein.

Deshalb bin ich vor Jahren schon dazu übergegangen, die Kästen selbst in zwei aufeinander abgestimmten Größen aus Sperrholz zu bauen: Kästen für Karten im A4-Hochformat und Kästen für Karten im A5-Querformat.

Die Karteikästen sollten folgende **Kriterien** erfüllen:

- Die Kästen sollten so breit sein, dass sie problemlos laminierte oder in Klarsichttaschen steckende Karteikarten aufnehmen.
- Das Material sollte in jedem Baumarkt zu beschaffen und möglichst leicht zuzuschneiden sein.
- Bei den großen Kästen sollte die Front offen sein, damit die Karten von den Kindern leicht eingesehen werden können.
- Der Zusammen- und Serienbau sollte leicht und mit einem noch vertretbaren Arbeitsaufwand möglich sein.
  Alle Kästen habe ich aus hellem Sperrholz und aus Holzleisten hergestellt und anschließend mit mattem Klarlack behandelt. Es ist auch denkbar, die Kästen in Leitfarben zu lasieren, die einem bestimmten Fach zugeordnet werden können (z.B. blau = Mathematik, grün = Sachunterricht ...)

Werden in den großen Kästen zeitweise nur wenige Karten untergebracht, dann vermeidet eine im hinteren Teil des Kastens schräg gestellte dünne Sperrholz- oder Hartfaserplatte das Durchbiegen der Karten.

Der kleine Kasten ist in seinen Außenmaßen auf den großen Kasten abgestimmt: Beide sind gleich breit und zwei hintereinander gestellte kleine Kästen sind so tief wie ein großer. Auch bei den kleinen Kästen ist durch die gewählte Breite gewährleistet, dass laminierte Karten hineinpassen.

Die Teilung des kleinen Kastens in zwei Fächer lässt auch wenige Karten aufrecht stehen. Zusätzlich können die Fächer von den Kindern als Ordnungshilfe (z.B. bearbeitet – nicht bearbeitet) genutzt werden.

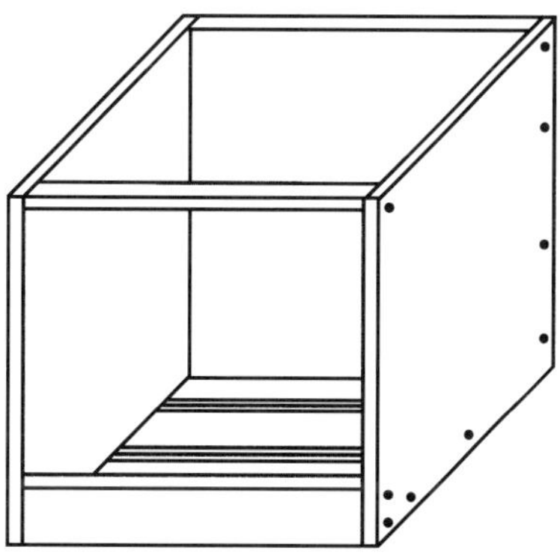

Selbst gebauter Karteikasten

3

Material für den großen Kasten:

2 Sperrholzplatten (A, D)	240	x	240	x	8 mm
2 Sperrholzplatten (B, C)	240	x	250	x	8 mm
1 Sperrholzplatte (E)	240	x	30	x	15 mm
1 Sperrholzplatte (F)	240	x	20	x	15 mm
2 Quadratleisten (G, H)	240	x	10	x	10 mm
Drahtstifte (Senkkopf)	.				20 mm
Holzleim (z.B. Ponal express)					
Klarlack, matt					
Schleifpapier					

Material für den kleinen Kasten:

3 Sperrholzplatten (A, B, C)	240	x	100	x	8 mm
2 Sperrholzplatten (D, E)	115	x	100	x	8 mm
1 Sperrholzplatte (F)	115	x	256	x	8 mm
Drahtstifte (Senkkopf)	.				20 mm
Holzleim (z.B. Ponal express)					
Klarlack, matt					
Schleifpapier					

Arbeitsschritte beim Bau des großen Kastens

Die Sperrholzplatten direkt im Baumarkt zuschneiden lassen, die Leistenabschnitte in einer Gehrungslade auf das Maß schneiden.

1. Die Platten B und C der Abbildung entsprechend an die Grundplatte A anleimen und annageln.
2. Die Rückwand D mit Leim zwischen die Seitenteile B und C einfügen und festnageln.
3. Die Sperrholzplatte E unten zwischen die Seitenteile B und C leimen. Die Sperrholzplatte F oben zwischen die Seitenteile B und C leimen. Beides festnageln.
4. Die Leisten G und H auf die Grundplatte A leimen und eventuell zusätzlich mit kleinen Nägeln befestigen.
5. Alle Kanten mit Schleifpapier abschleifen und den Kasten gut entstauben.
6. Den Kasten innen und außen lackieren (oder lasieren) und mindestens einen Tag trocknen lassen.
7. Alle Kastenflächen mit Schleifpapier schleifen, entstauben und nochmals innen und außen lackieren.

3

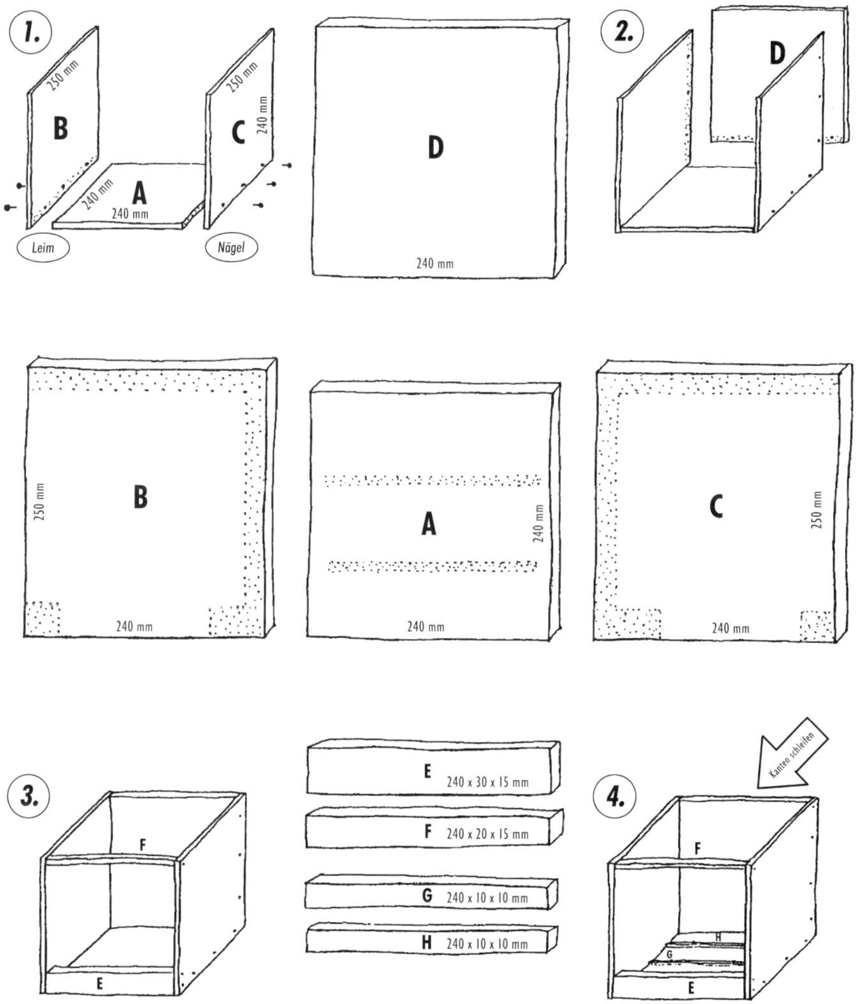

Großer Karteikasten

3

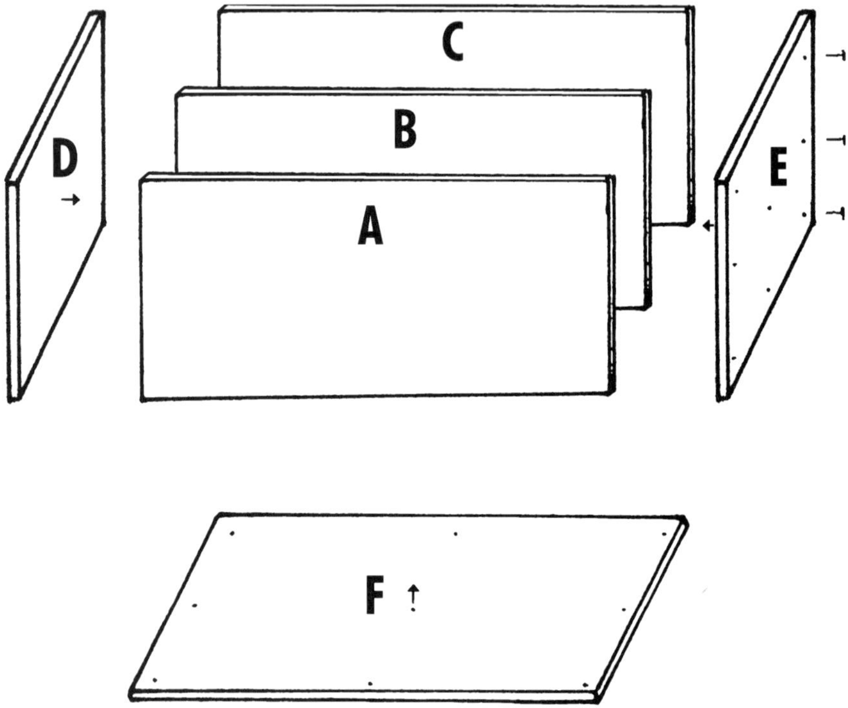

Kleiner Karteikasten

Arbeitsschritte beim Bau des kleinen Kastens

Die Sperrholzplatten direkt im Baumarkt zuschneiden lassen.

1. Das Seitenteil D an die Frontfläche A und Rückenfläche C nageln, vorher die Kontaktflächen mit Leim bestreichen. Anschließend das Mittelteil B ebenfalls annageln.
2. Die zweite Seitenfläche an die Platten A, B und C nageln und die Bodenplatte F anbringen.
3. Alle Kanten mit Schleifpapier abschleifen und den Kasten gut entstauben.
4. Den Kasten innen und außen lackieren (oder lasieren) und mindestens einen Tag trocknen lassen.
5. Alle Kastenflächen mit Schleifpapier schleifen, entstauben und nochmals innen und außen lackieren.

Entscheidungs-hilfen für die Aufgaben-wahl

3 Hinweiskarten im Klassenraum

Als ich erst wenige Angebote für die Freie Arbeit hatte, stand das Material mit den dazugehörigen Aufgabenkarteien thematisch geordnet im Klassenraum.
Da nicht alle Aufgaben auf den ersten Blick zum Arbeiten verlockten, gestaltete ich später für jede Aufgabe eine Hinweiskarte im Querformat A5.
Die Hinweiskarte enthielt den Aufgabentitel und ein passendes Symbol. Diese kleinen „Werbeplakate" ordnete ich direkt über dem Aufgabenregal an einer Pinnwand oder in der unmittelbaren Nähe zu den Aufgaben an. Dadurch entstand eine Wandzeitung mit den an dieser Stelle vorhandenen Aufgabenangeboten.
Kamen während des Halbjahres Aufgaben hinzu, habe ich weitere Hinweiskarten geschrieben und an den Pinnwänden ergänzt.

Spiegelkartei

Mit dem Taschenspiegel könnt ihr spannende Experimente zur Symmetrie machen. Lest dazu die Karteikarten und schreibt eure Beobachtungen zu jeder Karte ins Heft.

Faltfiguren

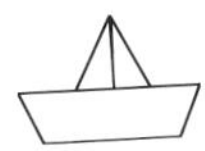

Hier könnt ihr Tiere, Blumen und Gegenstände aus Papier falten. Ihr braucht dazu das Arbeitsheft und quadratisches Papier.

Legepuzzle

Versucht die Figuren aus dem Arbeitsheft mit den Puzzleteilen nachzulegen. Kontrolliert selbst mit Hilfe der Lösungen auf der letzten Seite.

Kontrollkarten für die Kinder

Je mehr Material ich den Kindern für die Freie Arbeit zur Verfügung stellte, desto unübersichtlicher wurden die Pinnwände mit den Hinweiskarten. Die Kinder verloren den Überblick über die Angebote und über ihren individuellen Arbeitsstand. Deshalb bin ich dazu übergegangen, den Kindern eine Art Plan, die Kontrollkarte für die Freie Arbeit, zur Verfügung zu stellen. Die Kontrollkarte lehnt sich im formalen Aufbau an die Wochenarbeitspläne an.

Die Kontrollkarten fertige ich auch als vierseitige Faltblätter im Format DIN-A5 an, die ich aus einem beidseitig bedruckten A4-Blatt herstellte. Jede Kontrollkarte hat eine großzügig gestaltete **Titelseite**. Sie hat ausreichend Platz für ein Titelbild und einige, auch für die Kinder wichtige statistische Angaben: Name, Klasse, Zeitraum und Schulname.
Das Titelbild bildet meistens ein typisches Arbeitsmaterial für die Freie Arbeit ab oder enthält ein in der Klasse geläufiges Symbol.

Auf den beiden **Innenseiten** und evtl. noch auf der **Rückseite** ist Platz für die verschiedenen Lernbereiche (bzw. im Fachunterricht für die Teilgebiete des Faches) vorgesehen.

Auf der **Rückseite** ist u.a. die Zielvorgabe beschrieben.

3

Angebotsübersicht im Fachunterricht

Wenn ich in einer Klasse ausschließlich Fachunterricht gebe, bilde ich auf den Kontrollkarten alle Arbeitsmaterialien ab, die den Kindern in der Freien Arbeitszeit zur Verfügung stehen.
Die Kinder können z.B. der Kontrollkarte für die Freie Arbeit im Fachunterricht Mathematik entnehmen,

- welchem Teilgebiet der Mathematik eine bestimmte Aufgabe zuzuordnen ist,
- wie umfangreich die Aufgabe ist,
- mit welchem Material vorwiegend gearbeitet wird und
- ob es vergleichbare Aufgaben gibt.

Dadurch kann das einzelne Kind die Übersicht über die Wahlmöglichkeiten und die von ihm schon abgeschlossenen Arbeiten behalten. Außerdem kann es so die eigene Arbeitsintensität einschätzen lernen, denn selbstverständlich müssen diese Arbeitsergebnisse in die Bewertung und Zensierung der Mathematikleistungen mit einfließen.

Angebote für die

Freie Arbeit Mathematik

1. Halbjahr 2003

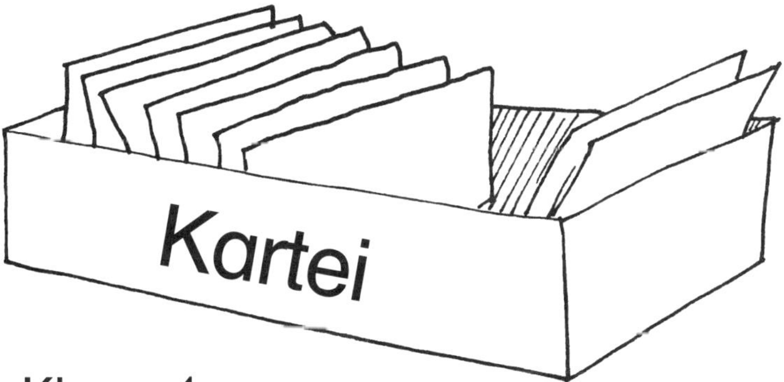

Klasse 4a

Grundschule Talbachstraße

Das ist neu:

- Die Zahlen hinter den Angeboten zeigen dir an, wie viele Aufgaben das jeweilige Angebot enthält.
- Die Schwierigkeit nimmt in jedem Teilbereich von oben nach unten zu.

Name: ______________________________

Beispiel für eine Kontrollkarte im Matheunterricht – Titelseite

3

Arithmetik			
Angebot	Anzahl	Material	✓
Zahlenraum bis 1 000 000			
Zahlen darstellen	10	Fühlmaterial, Ziffernkärtchen, Würfel und vieles mehr	
Zahlen ordnen	14	Zahlenkärtchen, Stellentafel	
Zahlenstrahl	6	Zahlenstrahl	
Zahlenspiele	4	Kartenspiele	
Rechenübungen			
Zahlenpyramiden I	10	Arbeitsblätter	
Zahlenpyramiden II	10	Arbeitsblätter	
Zauberquadrate	12	Arbeitsblätter	
Zahlenfolgen fortsetzen			
Zahlenfolgen I	15	Karteikarten	
Zahlenfolgen II	15	Karteikarten	
Maßeinheiten			
Gewichtseinheiten	20	Checky-Scheibe	
Längenmaße	16	Lineal, Maßband	

Beispiel für eine Kontrollkarte im Matheunterricht – linke Innenseite

3

Geometrie			
Angebot	Anzahl	Material	✓
Spiegeln			
Spiegelkartei I	12	Taschenspiegel	
Spiegelkartei II	12	Taschenspiegel	
Körper			
Würfel und Quader	10	Knete, Strohhalme, Papier, Schere	
Zylinder und Kegel	10	Papier, Schere, Arbeitsblätter	
Pyramiden	6	Papier, Schere, Arbeitsblätter	
Zeichenkurs			
Muster zeichnen I	8	Geodreieck	
Muster zeichnen II	6	Zirkel	
Muster zeichnen III	6	Zirkel, Geodreieck	
Senkrecht und parallel	8	Geodreieck	
Rechte Winkel	7	Geodreieck	
Maßstab			
Verkleinern und Vergrößern	8	Geodreieck oder Lineal, Streichhölzer	

Beispiel für eine Kontrollkarte im Matheunterricht – rechte Innenseite

3

Sachrechnen			
Angebot	Anzahl	Material	✓
Rechenhilfen			
Lösungsstrategien	6	Karteikarten	
Sachaufgaben selbst erfinden	6	Karteikarten	
Verschiedene Themen			
Tiere	15	Karteikarten	
Pflanzen	15	Karteikarten	
Weihnachten	10	Karteikarten	

Aufgabe:

- Du sollst in den freien Mathestunden mindestens drei Angebote vollständig bearbeiten.
- Bearbeite aus jedem der drei Teilbereiche „Arithmetik“, „Geometrie“ und „Sachrechnen“ mindestens ein Angebot.
- Gib deine Aufgaben bis Ende Januar bei Frau Morgenthau ab. Die Aufgaben aus der Freien Arbeit werden insgesamt wie eine Mathe-Arbeit gewertet!

Beispiel für eine Kontrollkarte im Matheunterricht – Rückseite

3

Offene Kontrollkarten im Klassenunterricht

Als Klassenlehrerin verzichte ich auf vollständig ausgefüllte Kontrollkarten und biete den Kindern nur noch einen Plan an, der von ihnen oder von mir nach Arbeitsfortschritt ausgefüllt wird. Das Kind trägt in die Kontrollkarte den Titel der Aufgabe ein, die es für sich zur Bearbeitung ausgewählt hat. Nach Abschluss der Aufgabe wird die erfolgreiche Bearbeitung von mir durch einen Stempelabdruck quittiert.

Der Grund für eine „leere" Kontrollkarte liegt u.a. in der Fülle des Materials, das ich bei mehreren Fächern oder Lernbereichen in die Karte eintragen müsste. Wollte ich zu jeder Aufgabe ein entsprechendes und eindeutiges Bild malen oder auch nur die Aufgabe mit einem Titel auflisten, würde der Plan sehr umfangreich und dadurch für die Kinder unübersichtlich werden.

Die Aufgabenvorschläge sind im **ersten Schuljahr** von mir vor allem als Erinnerungsstütze und Planungshilfe für die möglichen Aktivitäten in der freien Arbeitszeit gedacht. Es gibt von mir keine Vorgabe zu Bearbeitungsschwerpunkten oder zu Mindestanforderungen. Auf der Kontrollkarte werden die erarbeiteten Aufgaben gesammelt, sie sind ein dauerhafter Nachweis für das Kind und auch für die Eltern, was in der Zeit alles geleistet wurde. Wie wichtig diese Karte für die Kinder ist, kann ich immer wieder daran ablesen, dass bisher nur einmal eine Karte verloren gegangen ist. Dieses Kind hat sich zu Hause die Karte mit allen formalen Vorgaben nachgebastelt und diese Ersatzkarte in diesem Halbjahr bis zum Ende genutzt.

Vom **zweiten Schuljahr** an lege ich in den Kontrollkarten für die zu bearbeitenden Aufgaben eine von mir erwartete Mindestleistung fest: Jedes Kind muss z.B. im ersten Schulhalbjahr mindestens je zwei und im zweiten Halbjahr mindestens je drei Aufgaben aus jedem aufgelisteten Bereich vollständig und richtig bearbeitet haben.

„Du sollst bis Mitte Januar mindestens je zwei Aufgaben aus den Bereichen Schreiben, Lesen und Rechnen vollständig bearbeitet haben. Natürlich darfst du mehr machen. Wähle die Aufgaben sorgfältig aus, denn einmal angefangen, musst du sie beenden!"

Es ist meiner Ansicht nach besser, die Anforderungen am Anfang niedrig zu halten, damit auch das langsam arbeitende Kind die Freien Aufgaben in dem Schulhalbjahr erfolgreich abschließen kann.

Im **dritten Schuljahr** werden die Mindestanforderungen von mir erneut angehoben: Jedes Kind muss in einem Schulhalbjahr aus den Bereichen Lesen, Schreiben, Mathematik und Forschen mindestens je drei Aufgaben bearbeiten. Die freie Leseaufgabe bezieht sich darauf, mir aus Lese-Übungsheften oder aus Kinderbüchern vorzulesen. Im zweiten Halbjahr muss jedes Kind ein Buch gelesen, dazu ein Info-Plakat angefertigt und das Buch der Klasse vorgestellt haben.

3

Beim Angebot für die beiden Schulhalbjahre des **vierten Schuljahrs** versuche ich, neben den durchgeplanten Aufgaben, die ich den Kindern in Form von Arbeitskarteien und Arbeitsheften gebe, auch globaler und freier formulierte Aufgaben zu stellen. Sie sollen die Kinder zur eigenen Ausgestaltung, zum Finden eigener Lösungswege und auch zum Formulieren neuer Ziele anregen.
Mein Versuch, den Mädchen und Jungen der vierten Klasse eine Kontrollkarte für das ganze Schuljahr zu geben, hat sich in meinen Klassen nicht bewährt. Für die Kinder ist der Arbeitszeitraum, den sie planerisch strukturieren müssen, vermutlich zu lang. Außerdem scheint es reizvoll und neu motivierend zu sein, nach einem halben Schuljahr neue Aufgaben angeboten zu bekommen. Aber auch für mich hat die Festlegung der Aufgaben auf ein ganzes Schuljahr eine Beeinträchtigung der Flexibilität bedeutet, da ich für ein komplettes Schuljahr von Anfang an schon alle Aufgaben zur Verfügung stellen musste.

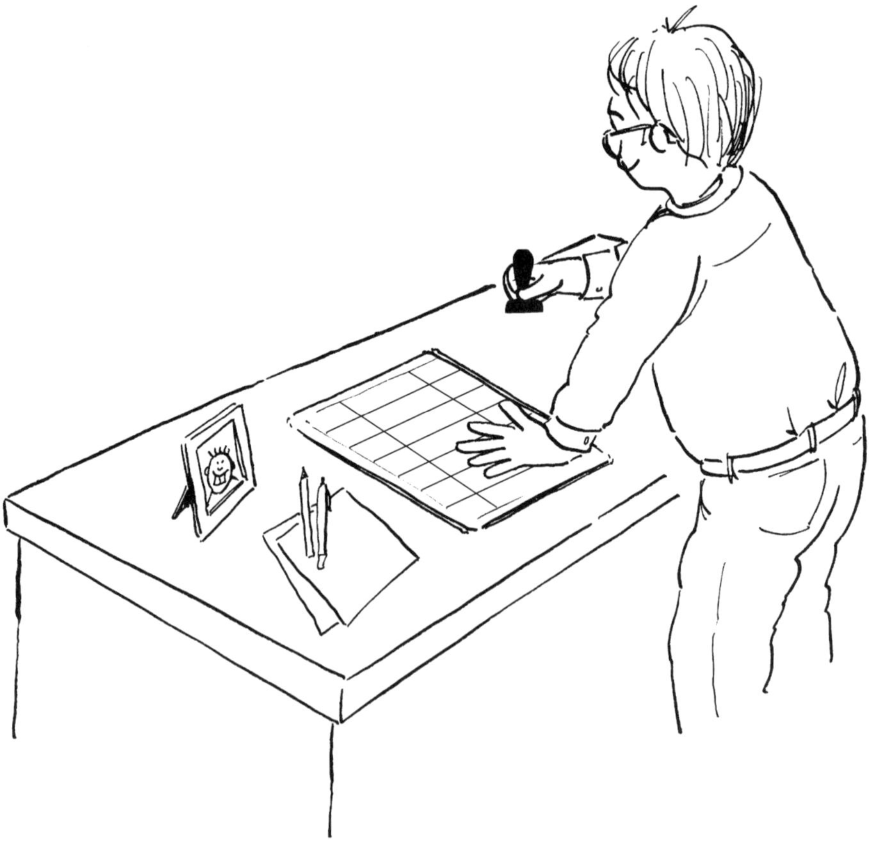

3

Aufgabe	✓
 Schreiben	
 Lesen	
 Rechnen	

Beispiel für eine offene Kontrollkarte

3

Aufgabe	✓
 Forschen	
 Kunst	
 Musik	

Beispiel für eine offene Kontrollkarte

3 Die tägliche Freie Arbeitszeit

Arbeitsabläufe

Die Arbeitsabläufe ähneln denen der Wochenplanarbeit (siehe S. 33–35). Der besseren Übersicht wegen sollen sie hier im neuen Zusammenhang dargestellt werden.
In meiner Klasse arbeiten die Kinder montags bis donnerstags täglich ca. 30 Minuten und freitags 90 Minuten an frei gewählten Aufgaben.

Wenn die Kinder den Klassenraum betreten, können sie sich montags bis donnerstags sofort einer freien Aufgabe zuwenden. Damit die Kinder die Übersicht nicht verlieren, sollen sie in meinen Klassen nicht mehr als zwei Aufgaben parallel in der Bearbeitung haben. Spätestens nach fünf Minuten sollte sich jedes Kind allein oder mit einem Partner zielorientiert mit einer Aufgabe beschäftigen.

Bei der Wahl einer neuen Aufgabe hat das Kind entweder

- das Material ansprechend gefunden,
- die Bearbeitung der Aufgaben bei Mitschülern gesehen und sich vormerken lassen,
- durch die Präsentation der Arbeitsergebnisse eines Mitschülers Interesse für die Aufgabe entwickelt,
- sich von den noch zu erfüllenden Wahlpflichten leiten oder
- sich von mir beraten lassen.

Hat sich das Kind entschieden, dann sollte es die Aufgabe bis zum Ende bearbeiten, auch wenn während der Bearbeitung Schwierigkeiten auftreten sollten. Ein Abbruch ist nur mit meiner Zustimmung möglich.

3

Ein Kind, das eine Aufgabe beendet hat und eine neue beginnen möchte, gibt die Arbeitsergebnisse der vorherigen Aufgabenserie zur Beurteilung ab und teilt mir und der Klassengemeinschaft seine neue Wahl mit. Vorher hat es die Arbeitsergebnisse der bisherigen Aufgabe in geeigneter Form vorgetragen. Das geschieht bei umfangreicheren Ergebnissen in besonders dafür reservierten und angemeldeten Stunden oder in der täglichen Abschlussbesprechung mit Vorstellungsrunde.

Besonders interessierten Kindern gelingt es immer wieder, die vorgegebenen Aufgaben selbstständig zu erweitern oder ihnen eine neue Arbeitsrichtung zu geben. Das wird nicht nur geduldet, sondern gefördert! Im Bereich Lesen biete ich den Kindern eine Kartei mit kurzen Aufträgen zum Leseverstehen an. Sie enthält einfache Handlungsanweisungen, wie z.B. „Gehe zur Tafel. Nimm dir ein Stück Kreide. Schreibe in die rechte untere Ecke deinen Namen.“ Die Kinder führen diese Anweisungen mit Begeisterung aus. Die von mir bereitgestellten Lesekärtchen reichten den Kindern allerdings nicht aus, und so kamen sie auf die Idee, selbst Leseaufträge für ihre Mitschüler zu verfassen. Die Kinder schreiben die Aufträge im Heft vor, lassen sie von mir korrigieren und dürfen sie dann mit dem Computer tippen und ausdrucken.
Die Kinder haben also ein Angebot zum Lesen so weiterentwickelt, dass daraus eine Schreibaufgabe wurde. Der Umfang der Kartei hat sich inzwischen vervielfacht. Ich denke, dass die Kinder diese Schreibaufgabe auch deshalb so gerne wahrnehmen, weil sie selbst die Idee dazu hatten.

Gehe einmal um deinen Stuhl.
Setz dich hin und halte
die Beine hoch.
Klatsche in die Hände.
Mach das alles
dreimal!

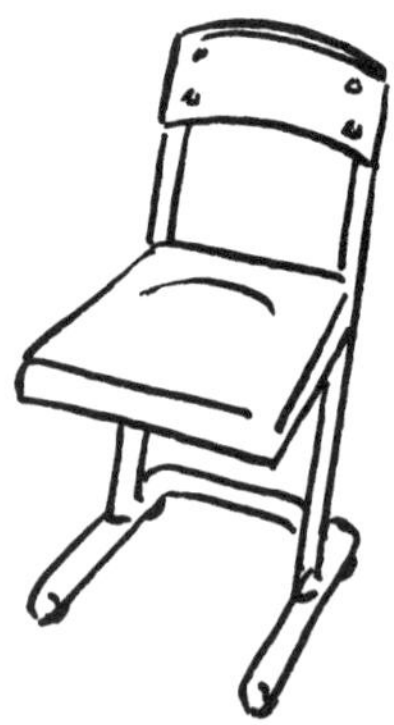

Von Sevil

3

Jedem Material und der dazugehörigen Aufgabenkartei (oder dem entsprechenden Arbeitsheft) ist ein bestimmter Platz in dem Regal für die Freien Aufgaben zugeordnet. Das Ende der Freien Arbeitszeit wird den Arbeitsgruppen so rechtzeitig durch die „Aufräummusik“ (siehe S. 34) angekündigt, dass noch genügend Zeit für das geordnete Wegräumen des Arbeitsmaterials bleibt. Ist z.B. eine Lege- oder Bauaufgabe noch unvollendet, dann wird der aktuelle Arbeitszustand in das Regal geräumt oder an einem sicheren Platz zwischengelagert. Damit das möglich ist, werden alle Lege- und Bauaufgaben von den Kindern von Anfang an auf einem Legetablett ausgelegt.

Abschließend stellen dann einige Kinder ihre Arbeiten vor. Da das Arbeitsangebot in der Freien Arbeit noch vielfältiger ist als bei der Wochenplanarbeit, hänge ich in der Klasse eine Liste aus, in der die Kinder eintragen können, wer was wann vorstellen möchte. Zusätzlich enthält die Liste eine Spalte mit Platz für meine Anmerkungen. Wenn an einem Tag zu viele Kinder etwas vorstellen möchten, mache ich an dieser Stelle z.B. neue Terminvorschläge. Oder, wenn mehrere Kinder die gleiche Aufgabe vorstellen möchten, bitte ich sie, sich untereinander abzusprechen. Die ausgefüllten Listen bewahre ich mindestens ein Halbjahr lang in einer Mappe auf.
So kann ich immer wieder nachsehen, welche Aufgaben wie häufig vorgestellt wurden und kann gegebenenfalls steuernd eingreifen, wenn bestimmte Aufgaben gar nicht in der Liste auftauchen.

3

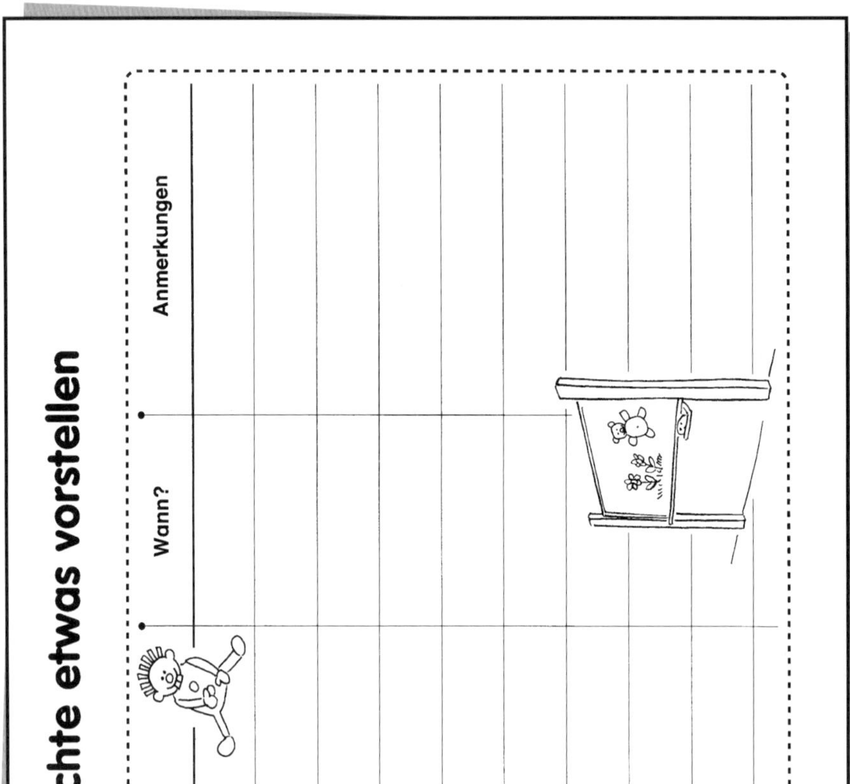

Ich möchte etwas vorstellen

Wer?	Was?	Wann?	Anmerkungen

Das hast du gut gemacht!
URKUNDEN UND MUTMACHER FÜR JEDE GELEGENHEIT

Beispiel für eine Liste zur Anmeldung von Präsentationen

3

Std.	Mo	Di	Mi	Do	Fr
1		Mathe	Mathe		
2			Freie Arbeit		
3					
4	Mathe			Mathe	
5					
6					Freie Arbeit

Freie Arbeit im Fachunterricht

In diesem Kapitel möchte ich beschreiben, wie im Rahmen des lehrgangsorientierten Fachunterrichts teilweise offen und frei unterrichtet werden kann, ohne dass die Gesamtkonzeption des Unterrichts generell frei und offen, bzw. projektorientiert gestaltet wird. Dieser Abschnitt basiert auf Erfahrungen, die ich als Mathematik-Fachlehrerin in verschiedenen Klassen gesammelt habe. Manche Klassen arbeiteten nach Tages- oder Wochenplänen, manche kannten das Freie Arbeiten, andere wurden fast ausschließlich lehrerzentriert unterrichtet.
Für den Mathematik-Fachunterricht stehen mir als Fachlehrerin in der Regel wöchentlich fünf bis sechs Unterrichtsstunden zur Verfügung. Zwei Drittel des Fachunterrichts gestalte ich nach den Grundsätzen des aktiv-entdeckenden und sozialen Lernens (Projekt „mathe 2000“) eher lehrerbestimmt. Diese Lehrgangsstunden werden von mir unverrückbar im Stundenplan festgelegt und bilden das Fundament des Mathematikunterrichts.

Zusätzlich erhalten die Kinder in zwei Unterrichtsstunden die Gelegenheit, die im Lehrgang erarbeiteten mathematischen Inhalte und Verfahren in vielfältiger Weise individuell zu festigen, zu vertiefen oder zu erweitern. Dabei sollen sie ihre Vorlieben in inhaltlicher und methodischer Hinsicht berücksichtigen dürfen. Damit das möglich wird, biete ich den Kindern geeignete Aufgaben zur Wahl an.

Diese Freien Aufgaben müssen nicht im direkten Zusammenhang mit den aktuellen Lehrgangsinhalten stehen. Sie sollen einerseits die von mir registrierten Interessen der Kinder und andererseits auch die Vorgaben aus den Lehrplänen mit berücksichtigen. Solche Wahlaufgaben können Angebote von Verlagen oder auch die in meinem Unterricht entstandenen Arbeitsmaterialien und Aufgabenhefte sein. Die Aktivitäten der Kinder werden durch diese Aufgaben in Form einer „vorbereiteten Umgebung" indirekt gesteuert. Die Kinder müssen entweder eine vorgegebene Wahlaufgabe oder eine völlig frei gewählte Aufgabe, die mit mir individuell abgesprochen werden muss, bearbeiten. Die freie Arbeitszeit ist auch im Fachunterricht keine Spielzeit – es muss zielorientiert an einer Fachaufgabe zur Mathematik aus dem Wahlangebot gearbeitet werden. Die Bearbeitung von Übungsaufgaben aus dem Lehrgang ist in diesen Stunden nicht vorgesehen.

Die freien Arbeitsstunden werden wie die Lehrgangsstunden ebenfalls im Stundenplan festgelegt. Während der Freiarbeitsstunden bin ich stärker als im lehrgangsgebundenen Unterricht Moderatorin der von den Kindern selbst bestimmten Schülerarbeit. Damit wirklich alle Schülerinnen und Schüler sich mit den Wahlaufgaben beschäftigen können, nehme ich diese Stunden niemals für den Mathematiklehrgang, um z.B. vermeintliche Lehrgangsrückstände aufzuarbeiten.
So kann ich den Kindern auch im „traditionellen" Mathematikunterricht Phasen eines offenen und handlungsorientierten Unterrichts ermöglichen, ohne dabei den üblichen Lehrgang aufgeben zu müssen.

Kindern, die schon längere Zeit frei arbeiten, könnte man innerhalb des Stundenrasters auch einen zweistündigen Unterrichtsblock für die Arbeit an den Wahlaufgaben zur Verfügung stellen.

Freiarbeitsmaterial im Fachunterricht

Die Aufgaben in Form von Karteien und Arbeitsheften und das für die Bearbeitung der Aufgaben eventuell erforderliche Material sollten einen festen Platz im Klassenraum haben. Das kann ein Regal, die Fensterbank oder ein eigens dafür hergerichteter Materialtisch sein. Am Ende der Freien Arbeitszeit sollten die Kinder das Material und die Arbeitskartei an diesen „Stammplatz" immer wieder zurückstellen.

Es empfiehlt sich, auch im Fachunterricht jedes Freiarbeitsmaterial und die dazugehörige Aufgabe nur in einem Exemplar zur Bearbeitung anzubieten. Diese Maßnahme erzieht die Kinder zur Toleranz, zu Absprachen, zur mittelfristigen Planung ihrer Vorhaben.

Wenn ich mit der Freiarbeit im Fachunterricht beginne, biete ich anfangs nur Wahlpflichtaufgaben aus einem einzelnen Teilgebiet des Faches an. Schließlich werden die Kinder zusätzlich zu den inhaltlichen Anforderungen auch noch mit methodischen Schwierigkeiten konfrontiert. Eine solche inhaltliche Beschränkung erleichtert den Kindern den Einstieg in die Freie Arbeit.

Das Übungsmaterial für den Lehrgang einerseits und das Material mit den Aufgabenkarteien und den Arbeitsheften für die Freie Arbeit andererseits sollten deutlich getrennt im Klassenraum aufbewahrt werden. Dadurch wird den Kindern die Orientierung im Unterrichtsablauf erleichtert. Diese räumliche Trennung schließt nicht aus, dass bei der Bearbeitung der freien Wahlaufgaben auch Übungsmaterial als Lösungs- und Anschauungshilfe eingesetzt werden kann oder bei einigen Kindern sogar eingesetzt werden muss.

Epochales Freiarbeitsmodell im Fachunterricht

In einer Klasse habe ich das oben beschriebene Freiarbeitsmodell, das durch die wöchentliche Abfolge von Lehrgang und Freier Arbeit gekennzeichnet ist, variiert. Die Kinder hatten in dieser Klasse das Gefühl, dass das oben beschriebene Wochenmodell ein kontinuierliches Arbeiten an den Wahlaufgaben erschwerte. Kaum eine Aufgabe, die zur Bearbeitung ausgewählt werden konnte, ließ sich in zwei Stunden beenden. Immer wieder ging kostbare Zeit damit verloren, dass sich die Kinder zum Wochenende von den Lehrgangsinhalten lösen und auf ihre Wahlaufgaben einlassen mussten.

In mehreren Planungsgesprächen habe ich das Konzept dann gemeinsam mit den Kindern so abgeändert:

Die Lehrgangsinhalte werden während der Mathematikstunden so lange bearbeitet, bis sie zu einem inhaltlichen Abschluss gebracht werden können. Das ist in der Regel nach ca. vier Wochen der Fall. Diese Phase wird mit einer Lernkontrolle abgeschlossen.

Anschließend arbeiten die Kinder während der Mathematikstunden gut eine Woche nur an den Wahlaufgaben. Ziel ist es, innerhalb dieser Zeit nach Möglichkeit mindestens eine Aufgabe abgeschlossen zu haben. Ist das wegen einer sehr umfangreichen Aufgabe nicht der Fall, dann sollte ein sinnvoller Zwischenabschluss gefunden werden.

Unser gemeinsamer Eindruck war am Ende des Schuljahres, dass wir unser Ziel, konzentrierter als im „Wochenmodell“ arbeiten zu können, mit dieser Organisationsform erreicht hatten.

4

Wochen-strukturpläne

- Wochenstrukturplan der Schule
- Wochenstrukturplan der Klasse

4

Wochenstrukturplan der Schule

Ein in Einzelstunden gegliederter Vormittag mit mehr oder weniger häufigem Lehrerwechsel ist für offene Arbeitsformen hinderlich. Immer mehr setzt sich die Ansicht in den Grundschulen durch, dass die 45 Minuten dauernde Unterrichtsstunde nur noch eine Verrechnungseinheit für die Lehrerarbeitszeit ist. Viele Schulen haben die Unterrichtswoche deshalb nach den Lehr- und Lernbedürfnissen der Lehrkräfte und der Kinder neu strukturiert.

Diese neuen Wochenstrukturpläne sind flexibel und bieten Möglichkeiten an, die zur Verfügung stehende Unterrichtszeit nach den jeweiligen aktuellen und klassenindividuellen Erfordernissen einzuteilen.

Trotz aller Individualität muss aber auch ein Rahmen gefunden werden, der ein effektives Arbeiten in einer Schule mit mehreren Klassen möglich macht.

Der Wochenstrukturplan sollte deshalb für alle Gruppen eine verbindliche Einteilung in Arbeits- und Pausenzeiten vorsehen, damit z.B. arbeitende Klassen während der Pause nicht gestört werden. Außerdem können so die Pausenaufsichten leichter geregelt werden, Kollegen können in den Pausenzeiten miteinander Gespräche führen und auch die reibungslose Nutzung der Fachräume wird möglich.

Eine offenere Zeitplanung für die einzelnen Klassen sollte im Wochenstrukturplan also ebenso Berücksichtigung finden wie die Notwendigkeit, gemeinsame Interaktionsgelegenheiten für Kinder und Lehrkräfte zu schaffen.

4

Deshalb bietet es sich an, jeweils zwei Unterrichtsstunden zu einem Arbeitsblock zusammenzufassen. Will oder kann man sich nicht in jedem Fall auf Doppelstunden festlegen, dann ist es praktisch, die Unterrichtsstunde in drei kleine Einheiten von je 15 Minuten Dauer zu zerlegen und diese dann zu neuen Einheiten zusammenzufassen. Praktisch ist es, weil mit diesen 15-Minuten-Einheiten die Umrechnung in herkömmliche Unterrichtsstunden relativ einfach zu vollziehen ist. Diese Umrechnung wird z.B. benötigt, um die Lehrkräfte entsprechend ihrer Unterrichtsverpflichtung einzusetzen und um einen Überblick zu erhalten, wie groß der Anteil der einzelnen Unterrichtsfächer innerhalb des Unterrichts einer Woche ist.

Zeit	Mo	Di	Mi	Do	Fr
8.00			Block 1 90 min		
9.30			Pause 20 min		
9.50			Frühstückspause 10 min		
10.00			Block 2 90 min		
11.30			Pause 30 min		
12.00		Block 3 90 min		AG	Forum

Beispiel für einen Wochenstrukturplan der Schule

4 Wochenstrukturplan der Klasse

Als Klassenlehrerin greife ich die vom Wochenstrukturplan der Schule vorgegebene Gliederung auf und lege innerhalb der Unterrichtsblöcke Zeiten für verschiedene Unterrichtsformen fest. Wochenanfangskreis, Klassenrat, Forum, Frühstück, Lehrer-, Förder-, Flüster- und Schülerstunden, sowie die von einigen Kolleginnen und Kollegen erteilten Fachstunden sollten den üblichen gefächerten Stundenplan ersetzen.

Jede Woche beginnen wir mit einem Wochenanfangskreis und schließen sie mit der Sitzung des Klassenrates ab, bevor wir uns mit den anderen Klassen zum Forum treffen. Alle von mir verantworteten Stundenanteile der Fächer Deutsch, Mathematik, Sachunterricht, Musik und Kunst verteilten sich ohne fachliche Schwerpunkte auf die neuen Unterrichtselemente, die ich nachstehend beschreiben möchte.

Wochenanfangskreis

Die erste Lehrerstunde der Woche beginnt mit dem Wochenanfangskreis. In ihm werden die Vorhaben der kommenden Woche abgestimmt. Wir besprechen u.a. den Wochenplan und die in den Schülerstunden zu bearbeitenden anderen Schwerpunkte.

Freie Arbeitszeit

In der Freien Arbeitszeit wählen die Kinder eine Lernaktivität aus dem von

mir bereitgestellten Angebot aus. Die Aktivitäten der Kinder werden durch die vorbereitete Umgebung und die Kontrollkarte für die Freie Arbeit indirekt gesteuert. Die Kinder müssen entweder eine vorgegebene oder eine völlig frei gewählte Aufgabe, die mit mir abgesprochen wurde, bearbeiten.
In der Freien Arbeitszeit muss zielorientiert gearbeitet werden.

Lehrerstunden

Die Lehrerstunden stehen sehr oft in einem inhaltlichen Zusammenhang mit den Übungsstunden und mit den projekt- und themenorientierten Schülerstunden. In den Lehrerstunden vermittle ich den Kindern neue Inhalte und Verfahren oder es werden neue Vorhaben geplant, abgestimmt und abgeschlossen. Ich bespreche mit den Kindern die Aufgaben des Wochenplans und plane mit ihnen das weitere Vorgehen beim selbsttätigen und selbstständigen Lernen. In den Lehrerstunden werden auch die gemeinsamen Klassenarbeiten geschrieben.

Übungsstunden

Die Kinder bearbeiten schriftliche Pflichtaufgaben aus dem Übungsbereich, die entweder im Wochenplan ausgewiesen wurden oder die sich aus dem Verlauf der Lehrerstunde ergeben haben. Bei der Arbeit verständigen sich die Kinder untereinander und mit mir nur flüsternd und sie gehen so wenig wie möglich im Klassenraum umher. Eine in der Flüsterstunde begonnene Arbeit muss beendet werden. Während der Übungszeit darf nur an den ausgewiesenen Übungsaufgaben in Stillarbeit, allein oder mit einem Partner, gearbeitet werden. Dem unterschiedlichen Arbeitsvermögen der Kinder angepasst, werden ihnen von mir meistens verschiedene Übungsaufgaben („Oderaufgaben") zur Wahl angeboten. Die „Oderaufgaben" sind nach Schwierigkeit und Umfang differenziert:
Das Kind soll eigenverantwortlich wählen, ob es viele leichte oder wenige schwierige Aufgaben bearbeiten will.
In den Übungsstunden können auch die individuellen Klassenarbeiten geschrieben werden.

Schülerstunden

In den projekt- und themenorientierten Schülerstunden arbeiten die Kinder an dem jeweiligen aktuellen Unterrichtsvorhaben. In diesen Stunden trete ich sehr stark in den Hintergrund. Ich helfe den Kindern bei den Vorhaben hauptsächlich methodisch und nur nach ausdrücklicher Aufforderung durch die Kinder auch inhaltlich.

Die in den Schülerstunden zu bearbeitenden Vorhaben sind fächerübergreifend mit einem fachlichen Schwerpunkt angelegt. Dieser Schwerpunkt liegt meistens in einem der Fächer Deutsch oder Sachunterricht. Auf der entsprechenden Seite im Wochenplan finden die Kinder verschiedene Arbeitsangebote zu diesem Thema. Diese Angebote sind jedoch nur als Anregungen zu verstehen, die von den Kindern häufig weiterentwickelt werden.

Während der Schülerstunden arbeiten die Kinder häufig epochal über mehrere Wochen hinweg an einem Thema. Dieses Vorgehen erfordert vom Lehrer und zum Teil auch von den Kindern eine sehr weit reichende Vorplanung.

Klassenrat

In der letzten Stunde der Woche tagt der Klassenrat. Er wird von den beiden Klassensprechern, den Präsidenten, geleitet. Zuerst halten wir gemeinsam Rückschau. Mögliche Konflikte werden zur Sprache gebracht und eine Lösung wird von den Klassenratsmitgliedern erarbeitet. Abschließend legen die Kinder und ich die Aufgaben für die kommende Arbeitswoche fest.
Von jeder Klassenratssitzung wird ein Protokoll geschrieben.

Ausführlich ist die Arbeit des Klassenrats im Kapitel „Der Klassenrat" (S. 75) beschrieben.

Klassenfrühstück

Alle Kinder nehmen ihr Frühstück gemeinsam in der Klasse ein. In dieser Zeit dürfen der Klassen- oder einer der Nebenräume nicht verlassen werden, damit die Zeit auch wirklich zum Frühstücken genutzt wird.

4 Forum

Im wöchentlichen Wechsel stellt jede Klasse der Schulgemeinschaft ausgewählte Unterrichtsergebnisse vor.
Das können Berichte, Gedichte, Lieder, Spiele, Texte, Werkstücke oder andere Arbeitsergebnisse sein.
Beispiele aus einer früheren Klasse:
Wir haben vom Landschulheimaufenthalt erzählt, haben gezeigt, wie wir ein Propellerauto gebaut haben, haben selbst geschriebene Geschichten vorgelesen, von unserem Kontakt mit der Partnerklasse erzählt oder von unseren Tierbeobachtungen berichtet.
Genauer wird das Forum im Kapitel „Das Forum" (S. 91) beschrieben.

4

<table>
<tr><th>Zeit</th><th>Mo</th><th>Di</th><th>Mi</th><th>Do</th><th>Fr</th></tr>
<tr><td rowspan="2">8.00</td><td></td><td colspan="3">Freie Arbeitszeit</td><td></td></tr>
<tr><td>Wochenanfangskreis</td><td colspan="3">Lehrerstunden</td><td></td></tr>
<tr><td>9.30</td><td></td><td colspan="3">Pause 20 min</td><td></td></tr>
<tr><td>9.50</td><td></td><td colspan="3">Frühstückspause 10 min</td><td></td></tr>
<tr><td rowspan="2">10.00</td><td></td><td colspan="3">Übungsstunden</td><td></td></tr>
<tr><td></td><td colspan="3">Schülerstunden</td><td></td></tr>
<tr><td>11.30</td><td></td><td colspan="3">Pause 30 min</td><td></td></tr>
<tr><td rowspan="2">12.00</td><td>Religion</td><td rowspan="2">Sport</td><td>Religion</td><td rowspan="2">AG</td><td>Klassenrat</td></tr>
<tr><td></td><td></td><td>Forum</td></tr>
</table>

Beispiel für einen Wochenstrukturplan der Klasse

5

Der Klassenrat

- Der Klassenrat und seine Aufgaben
- Organisation und Ablauf

5

Der Klassenrat und seine Aufgaben

Ziel meines Unterrichts ist es, die Kinder dahin zu führen, dass sie im Rahmen ihrer Möglichkeiten ihr Lernen selbst steuern. Sie sollen in allen Phasen unseres Unterrichts wissen, wohin unsere Arbeit führen soll.

Dafür eignet sich meinen Erfahrungen nach der Klassenrat in seiner umfassenden Form besonders gut. Er ist in meinem Unterricht das wesentliche Element, das den Unterricht für die Kinder durchschaubar öffnet. Offener und Freier Unterricht ohne Klassenrat bzw. eine ähnliche Einrichtung mit vergleichbaren Rechten für die Kinder ist für mich nicht denkbar!

Einmal in der Woche versammeln wir uns, um die Klassenratssitzung abzuhalten. Im Gegensatz zu den täglich von mir geleiteten Besprechungen zum Tagesbeginn (Morgenkreis), bei denen wir hauptsächlich kurz den Tagesverlauf besprechen, ist der Klassenrat das Mitbestimmungsorgan der Kinder für inhaltliche, methodische und erzieherische Fragen der Klassengemeinschaft.

In der wöchentlichen Klassenratssitzung reflektieren die Kinder meiner Klasse mitverantwortlich die schulische Arbeit der vergangenen Woche, planen die zukünftigen Aktivitäten inhaltlich und methodisch mit und regeln den zwischenmenschlichen Umgang in der Klassengemeinschaft. Sie sollen sich für das schulische Arbeiten umfassend verantwortlich fühlen und das Lernen zu ihrer eigenen Sache machen.
Der Klassenrat geht auf die Ideen und Praktiken des französischen Reformpädagogen *Célestin Freinet* zurück.

Organisation und Ablauf

5 Unser Klassenrat tagt immer in der letzten Unterrichtsstunde der Woche, die ich in der Klasse unterrichte. Er wird im ersten Schuljahr von mir und vom zweiten Schuljahr an von zwei Kindern der Klasse, der Präsidentin und dem Präsidenten, geleitet.

Die Präsidentin und der Präsident werden bei mir jeweils für ein Vierteljahr von allen Kindern der Klasse gewählt. Eine Wiederwahl ist erst möglich, wenn alle Mädchen und Jungen einmal Präsidentin oder Präsident gewesen sind. Diese Chance hat jedes Kind, da in jedem Schuljahr acht Kinder in dieser Funktion benötigt werden.

Die große Bedeutung des Klassenrates für die Kinder einer Klasse kann man daran erkennen, dass selbst eher zurückhaltende Kinder sich im Laufe der Grundschulzeit einmal wählen lassen. Der stark ritualisierte Ablauf hilft ihnen bei dieser schwierigen Aufgabe.

Besprechungspläne

Die Präsidenten werden von mir bei der Leitung der Klassenratssitzungen nach Bedarf unterstützt, indem ich sie z.B. auf Abweichungen vom Thema flüsternd aufmerksam mache. Damit sich die lenkenden Eingriffe nur auf „Notfälle“ beschränken, haben wir in der Klasse einen Besprechungsplan aushängen, an dessen formaler Gliederung sich die Kinder orientieren.

Innerhalb der letzten 15 Jahre habe ich in den Klassen verschieden ausführliche

Vorlagen benutzen lassen. Das hing einmal vom Leistungsvermögen der Kinder einer Klasse, aber auch von meinen eigenen Absichten ab. Nachdem die Vorlagen zeitweise sehr umfangreich geworden waren, bevorzugen wir jetzt nur noch eine Gliederung mit Stichworten, die sich sehr schnell an sich ändernde Bedürfnisse anpassen lässt.

Ausführlicher Besprechungsplan (1998)

Die alte Woche

1. Was hattest du dir für diese Woche vorgenommen und was hast du davon erreicht? Stelle deine Arbeitsergebnisse vor!
2. Was hast du in dieser Woche nicht erreicht und wie erklärst du dir das? Mache auch gleich einen Vorschlag, wie du das nacharbeiten kannst!
3. Was hat dir in dieser Woche gefallen?
4. Was hat dir nicht gefallen?
5. Was soll in das Klassentagebuch geschrieben werden? Mache Vorschläge!
6. Welche Pflichtaufgabe war für dich überflüssig, weil du sie schon konntest?

Die neue Woche

1. Woran sollten wir gemeinsam in der nächsten Woche arbeiten?
2. Was möchtest du in der nächsten Woche machen?
3. Was musst du in der nächsten Woche noch einmal üben, weil du es noch nicht sicher beherrschst?

5

Anfangs ließ ich auftretende Konflikte noch nicht im Klassenrat regulieren. Das traute ich mir erst ein Jahr später zu. Entsprechend den veränderten Zielstellungen hatte sich der Plan verändert.

Ausführlicher Besprechungsplan (1999)

1. Wir hören uns das Protokoll der letzten Sitzung an.

2. Womit habt ihr euch in der vergangenen Woche gern beschäftigt? Erzählt von eurer Arbeit und stellt eure Ergebnisse vor. Vergesst auch nicht zu erwähnen, wenn ihr Schwierigkeiten hattet und wie ihr sie gemeistert habt.

3. Wir lassen uns aus dem Klassentagebuch vorlesen. Was soll in das Klassentagebuch geschrieben werden? Macht Vorschläge!

4. Gibt es etwas, das ihr kritisieren oder verändern möchtet oder das eurer Meinung nach vom Klassenrat geregelt werden soll?

5. Wollt ihr einen Mitschüler beglückwünschen, loben oder euch bei ihm bedanken, zum Beispiel für bemerkenswerte Leistungen oder hilfsbereites Verhalten?

6. Frau Morgenthau berichtet, welche Pflichtaufgaben sie für die nächste Woche zur Bearbeitung vorgesehen hat. Dazu könnt ihr Änderungsvorschläge machen.

7. Macht bitte für die Arbeit in der nächsten Woche Vorschläge:

- Wer hat eine gute Idee für eine Wahlaufgabe zu unserem Arbeitsthema „Müll“?
- Braucht jemand Hilfe, Mitarbeiter oder Material?
- Will jemand seine Hilfe anbieten?

8. Wer möchte welchen Klassendienst übernehmen?

Kurzer Besprechungsplan (2002)

Inzwischen lasse ich nur noch eine Kurzform benutzen, die lediglich aus Stichwörtern besteht. Jedes Stichwort steht auf einem halben A4-Blatt quer. Die Stichwörter sind an einer Pinnwand befestigt und können jederzeit an die sich ändernden Klassenbedürfnisse angepasst werden.

1. Protokoll

2. Vorstellen

3. Tagebuch (ab Klasse 3)

4. Regeln

5. Loben

6. Planen

7. Dienste

5 Vorbereitung der Kinder

Auch bei der Vorbereitung auf die Klassenratssitzungen habe ich in den zurückliegenden Jahren verschiedene Möglichkeiten erprobt:

In einer Klasse bereiteten sich die Kinder im Verlauf der Wochenarbeit auf die Klassenratssitzung schriftlich vor. Auf ihren individuellen Wochenplänen, nach denen ich in dieser Klasse die Unterrichtsarbeit vorwiegend strukturierte, war ein Feld vorgesehen, das den Kindern die Klassenratssitzung vorbereiten half. Die auf dem Wochenplan skizzierten Gliederungspunkte entsprachen im Wesentlichen dem späteren Sitzungsverlauf. Jedes Kind hatte die Pflicht, mindestens zu einem Punkt während der Woche einen Eintrag vorzunehmen, um damit einen eventuellen Redebeitrag für die Klassenratssitzung vorzubereiten.

In einer anderen Klasse habe ich die geplanten Redebeiträge als Stichwortzettel an einer Planungstafel sammeln lassen.

Inzwischen verzichte ich auf diese Hilfsmittel fast vollkommen. Der Grund ist, dass ich nach so vielen Jahren der Klassenratspraxis genügend Vertrauen in die Leistungsfähigkeit der Kinder habe und die Kinder diese Hilfsmittel nicht mehr brauchen. Die Ausnahme: Möchte ein Kind einen Konflikt, den es nicht allein lösen konnte, im Klassenrat zur Sprache bringen, dann muss es dieses Vorhaben an der Planungstafel vorher aushängen. Damit soll den betroffenen Kindern die Möglichkeit gegeben werden, das Problem schon im Vorfeld zu lösen. Außerdem verhindert dieses Verfahren, dass den Kindern während der Sitzung spontan ein „Miniproblem“ einfällt und sie damit die Klassenratssitzung unproduktiv in die Länge ziehen.

Regeln und Ämter

Die Sitzungen des Klassenrates werden von den Präsidenten weitgehend selbstständig geleitet. Um dies zu ermöglichen, ist es nötig, für den Klassenrat klare Regeln festzulegen und Aufgaben eindeutig zu verteilen. Bei mir haben die Präsidenten z.B. das Recht, andere Kinder aufzurufen und gegebenenfalls auch zu unterbrechen, wenn der Beitrag nicht zum Thema passt. Auch ich als Lehrerin muss mich während des Klassenrates melden und mit meinem Beitrag warten, bis ich aufgerufen werde. Ich habe jedoch das Sonderrecht, z.B. bei Störungen helfend einzugreifen.

Damit alle Kinder, die einen Redebeitrag leisten wollen, auch zu ihrem Recht kommen, führt einer der Präsidenten eine Meldeliste. Zu jedem Tagesordnungspunkt fragt er zunächst: „Wer möchte dazu etwas sagen?“ Alle Kinder, die sich daraufhin melden, notiert er auf der Meldeliste und ruft sie nacheinander auf. Kinder, die sich erst während des Gesprächs melden oder einen zweiten Beitrag leisten wollen, werden unten auf die Liste gesetzt. Wenn am Ende dieses Tagesordnungspunktes noch genug Zeit bleibt, kommen sie nach den anderen Kindern zu Wort. Die maximale Gesprächsdauer für jeden Tagesordnungspunkt liegt je nach Anzahl der Punkte insgesamt zwischen 5 und 15 Minuten.

Es ist die Aufgabe des zweiten Präsidenten, auf die Einhaltung dieser Gesprächsdauer zu achten. Er kann gegebenenfalls Kinder bitten, sich kürzer zu fassen, damit noch alle Kinder zu ihrem Rederecht kommen. Gegen Ende der Gesprächsdauer leitet er, falls erforderlich, die Abstimmung ein.

Neben den beiden Präsidenten gibt es bei uns noch ein weiteres Kind mit einer wichtigen Funktion: den Ruhewächter. Wenn es in der Klasse zu laut wird, schlägt der Ruhewächter die Triangel. Die Kinder werden dann in der Regel schnell leiser. Bei uns übt der Ruhewächter sein Amt nicht nur während des Klassenrates, sondern einen ganzen Tag lang aus. Im Klassenrat, wo die Kinder lange still sitzen und anderen zuhören müssen, kommt er jedoch besonders häufig zum Einsatz.

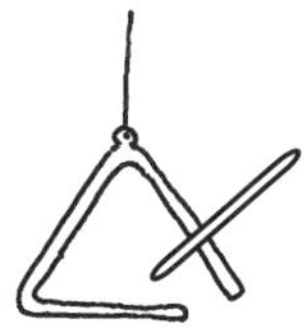

In den ersten beiden Schuljahren werden alle Klassenratssitzungen von mir protokolliert. In den Protokollen können die Ergebnisse der Beratungen jederzeit von den Kindern nachgelesen werden. Sie bilden so nach und nach ein verbindliches Dokument der in dieser Gemeinschaft entstandenen Klassenregeln. Vom dritten Schuljahr an übernehmen im wöchentlichen Wechsel einige schreibgewandte Kinder die Aufgabe des Protokollanten. Diese Aufgabe wird z.B. als anrechenbare Wahlaufgabe anerkannt. Wird in einer Klasse ein Protokoll geführt, dann wird es im Rahmen der Wochenrückschau verlesen, eventuell berichtigt und ergänzt und dann in einem Ordner abgelegt. Der Ordner ist jederzeit für alle Kinder zugänglich, damit in Zweifels- und Konfliktfällen getroffene Absprachen und Regelungen nachgelesen werden können.

Amt	Aufgabe
Präsident 1	führt eine Meldeliste und ruft die Kinder der Reihe nach auf
Präsident 2	achtet auf die Einhaltung der Gesprächsdauer und leitet Abstimmungen
Ruhewächter	weist die Mitschüler durch einen Triangelschlag auf zu große Unruhe hin
Protokollant	notiert den groben Verlauf und alle wichtigen Beschlüsse des Klassenrates

Aufgabenverteilung im Klassenrat

Klassenratsordnung

Die wöchentlich wiederkehrende Klassenratsordnung ist, unabhängig davon, wie differenziert sie in der Klasse ausgefallen ist, in drei Hauptteile gegliedert:

- Arbeits-Rückschau
- Regelung von Kinder- und Klassenangelegenheiten
- Arbeits-Planung

Arbeits-Rückschau

Der Rückblick auf die Arbeitswoche beginnt von der dritten Klasse an immer mit dem Vorlesen der Tagebucheintragung aus der Vorwoche.

Das Klassentagebuch ist bei mir bis auf eine Ausnahme immer ein „Klassenwochenbuch". Das tägliche Eintragen in ein „echtes" Tagebuch führte nämlich dazu, dass diese Aufgabe für die Kinder dann zur Last wurde, wenn im Tagesverlauf keine merkenswerten Ereignisse passierten.

Nach dem Vorlesen wird von den Kindern beraten und dann entschieden, welches Ereignis oder welcher Unterrichtsinhalt in der zurückliegenden Woche bestimmend war. Hierzu machen die Kinder Vorschläge, die dabei auch auf die Wichtigkeit und Bedeutung hin diskutiert werden. Anschließend wird darüber abgestimmt, was in das Klassentagebuch geschrieben werden soll. Die Präsidenten übertragen einem Kind die Aufgabe, die ausgewählten Inhalte bis zur nächsten Sitzung in das Tagebuch zu schreiben.

Die anschließende Rückschau auf die Arbeitswoche mit der Präsentation ausgewählter Arbeitsergebnisse bezieht sich sowohl auf die von mir gesteuerten Arbeitsphasen als auch auf die selbstbestimmten Tätigkeiten der Kinder. Hierbei machen die Kinder in ihren Redebeiträgen keine Unterschiede.

Die zurückliegende Unterrichtsarbeit und deren Ergebnisse werden von ihnen vorwiegend so analysiert:

- Was habe ich mir vorgenommen?
- Was habe ich davon mit welchen Ergebnissen erreicht?
- Was habe ich nicht geschafft und worin liegen die Gründe dafür?
- Sind für mich neue Fragestellungen oder Interessen entstanden und wie können wir die in der Folgewoche aufgreifen?
- Welche Übungsinhalte muss ich noch weiter bearbeiten oder vertiefen?

Die Kinder arbeiten während der Woche neben den für alle gleichen Pflichtaufgaben auch an Wahlpflichtaufgaben und freien Aufgaben. Es werden deshalb nicht alle Inhalte von jedem Kind in gleicher Weise bearbeitet.

Die Klassenratssitzung ist eine von mehreren Gelegenheiten, die Arbeitsergebnisse und Arbeitserfahrungen der Mitschüler und die zu den Ergebnissen führenden Wege kennen zu lernen. Dabei müssen die Vortragenden lernen, sich um eine eindeutige Wissenspräsentation zu bemühen. Die Zuhörer müssen lernen, den Aussagen aufmerksam zu folgen und sachbezogen nachzufragen, wenn sie einen Sachverhalt nicht ausreichend verstanden haben.

Kinder- und Klassenangelegenheiten

Offenes, freies und in weiten Bereichen individualisiertes Arbeiten erfordert von allen Beteiligten ein hohes Maß an Rücksichtnahme. Aus den verschiedenen Lern-, Arbeits- und Spielsituationen heraus, die den Kindern nicht verordnet, sondern von ihnen mitbestimmt werden, entsteht das Bedürfnis, den Umgang aller Klassenmitglieder untereinander kooperativ zu regeln. Dafür ist der Klassenrat da.

Deshalb haben die Kinder nach der Wochenrückschau Gelegenheit, Probleme, die in der Klassengemeinschaft aufgetreten sind, mit dem Ziel der Lösung beraten zu lassen. Dieser Punkt soll in unseren Klassenratssitzungen aber nicht Oberwasser gewinnen, damit der Klassenrat nicht zu einem Tribunal für Kleinststreitigkeiten verkommt.
Deshalb habe ich die Vorgabe gemacht, dass nur solche Konflikte oder Probleme in der Klassenratssitzung besprochen werden können,

- bei denen ein direkter Lösungsversuch zwischen den Parteien zu keinem Ergebnis führte und
- die als Stichwort auf einem Zettel an der Planungstafel für den Klassenrat ausgehängt worden waren.

> *Pierre und Erhan stehen immer in der Pause vorm Mädchenklo und lassen uns nicht raus.*
>
> *Janina*

In den Problembesprechungen versuchen wir, Regelungen zu finden, die produktive und störungsarme Arbeitsbedingungen und ein motivierendes Lernklima ermöglichen. Diese Regelungen gelten für alle in der Klasse arbeitenden Personen, also für die Kinder und für die Lehrkräfte.

Wenn ein Zettel an der Planungstafel hängt, dann fordert der Präsident das Kind auf, sein Problem und den eigenen Klärungsversuch näher zu beschreiben. Außerdem soll das Kind ein Ziel benennen, das es mit der Klärung des Problems erreichen möchte. Anschließend wird die „Gegenpartei" aufgefordert, alles aus ihrer Sicht zu schildern.

Führt dieser erste Meinungsaustausch vor der Klassengemeinschaft nicht zu einer Lösung, dann beratschlagen alle Kinder über mögliche Regelungen. Führen die von der Klassengemeinschaft erarbeiteten Vorschläge nicht zur Lösung des Problems, dann stimmt die Klassengemeinschaft darüber ab.

In den Klassenräten meiner Klassen wurden im Rückblick sehr verschiedene Problemanlässe besprochen und geregelt:

- Kleinere und größere Konflikte zwischen den Kindern der Klasse,
- das Arbeits- und Sozialverhalten einzelner Kinder der Klasse,
- das Lehrerverhalten in der Klasse zu bestimmten Anlässen,
- die Pausen- und Buskonflikte der Kinder mit den Schülern anderer Klassen; aber auch
- die Organisation der Unterrichtsstruktur.

An die Beschlüsse des Klassenrats oder an die vereinbarten Klassenregeln haben sich alle Beteiligten zu halten. Im Laufe eines Schuljahres entsteht so ein Katalog von geschriebenen und ungeschriebenen Regeln, der das gemeinsame Arbeiten und Leben in der Klasse gestalten hilft und von den Kindern akzeptiert wird, da er ihre eigenen Bedürfnisse als Ausgangspunkt hatte.

Auch wenn es meistens um Konflikte geht, die zwischen Einzelpersonen aufgetreten sind, habe ich den Eindruck, dass auch diese Erörterungen das Sozialklima innerhalb der Klasse positiv beeinflussen. Das Wissen, sich für eine Handlung vor der Klassengemeinschaft verantworten zu müssen, scheint einen verträglichen Umgang der Kinder zu fördern.

Bei den Veränderungsvorschlägen zur Unterrichtsorganisation ging es den Kindern meinen Erfahrungen nach niemals um einen Ersatz der anstehenden Lernarbeiten durch vorwiegend lustbetonte, kaum zielorientierte Tätigkeiten. Vielmehr ging es ihnen dabei immer um eine Verbesserung ihrer Arbeitsbedingungen, um z.B. die gemeinsam verabredeten Ziele der Arbeitsvorhaben erreichen zu können.

Damit das Gute, Dynamische, Aufmunternde in unseren Klassenratssitzungen immer über dem Unzureichenden und dem „Versagen" steht, haben wir dafür einen eigenen Tagesordnungspunkt „**Loben**".

Anfangs hatte ich mich gescheut, diesen Punkt in die Tagesordnung der Klassenratssitzungen aufzunehmen. Doch je länger ich den Klassenrat praktizieren ließ, desto stärker wurde mein Gefühl, dass wir wesentliche Aspekte unseres gemeinsamen Handelns vernachlässigten. Es sind eben nicht vorwiegend Konflikte, die das gemeinsame Arbeiten und Leben der Klasse bestimmen! Überrascht war ich, wie sensibel manche Kinder, von denen ich es nicht vermutet hatte, viele kleine positive Begebenheiten registrierten und das Verhalten am Ende der Woche noch genau lobend beschreiben konnten. Seitdem wir Hilfestellungen, aber auch besondere Erfolgsmomente im Klassenrat noch einmal lobend erwähnen, ist die Atmosphäre in der Klasse noch freundlicher geworden!
Damit hier nicht jede winzigkleine Kleinigkeit genannt wird, werden die Kinder von den Präsidenten am Anfang dieses Besprechungspunktes aufgefordert, sich Lob und Dank zu überlegen und bei Bedarf zu melden. Nur diese Kinder haben dann das Rederecht.

Arbeits-Planung

Über den Klassenrat können die Kinder meiner Klassen auf die inhaltliche und methodische Unterrichtsgestaltung Einfluss nehmen.
Jeder neu von den Kindern zu bearbeitende Inhalt wird von mir im Klassenrat bekannt gegeben. Pflichtaufgaben dürfen von den Kindern methodisch variiert und eventuell auch einmal auf eine

spätere Arbeitswoche verschoben werden. Arbeitsvorhaben, die einen freieren Zugang zu den zu erarbeitenden Inhalten ermöglichen, lasse ich weitgehend mitbestimmen.

Damit die Klasse aber auch neben den Pflichtvorgaben die Möglichkeit hat, selbst formulierten Interessen in einem gemeinsamen Vorhaben nachzugehen, wird jede inhaltlich bestimmte Unterrichtseinheit von einem zeitlich gleich langen Abschnitt abgelöst, der noch keine Vorgaben enthält. Dadurch sollen die Kinder gezwungen werden, umfassend planerisch tätig zu werden, ohne den einfachen Weg des sturen Abarbeitens von Aufgaben nachzugehen.
Schlägt ein Kind Arbeitsaufträge oder umfangreichere Arbeitsvorhaben als Pflichtaufgabe für alle Kinder vor, dann werden diese nur bei einer Mehrheit im Klassenrat angenommen. Das setzt voraus, dass die „Antragsteller“ möglichst genaue Angaben über Ziel und mögliche Arbeitswege machen können, damit die Mehrheit sich von der Idee begeistern lässt.

Meistens schlagen die Kinder Aufgaben oder methodische Varianten vor, die zu den aktuellen Arbeitsvorhaben der Klasse passen. Nur sehr selten werden völlig neue Vorhaben vorgeschlagen und diskutiert. Ich nehme an, dass den Kindern dafür meistens der Blick für die komplexen Zusammenhänge eines Sachverhaltes fehlt. Öfter schlagen Kinder Aufgaben zur Bearbeitung vor, die nicht von allen Kindern bearbeitet werden müssen, also den Wahlpflichtaufgaben oder den Freien Aufgaben zuzuordnen sind.

Außerdem können und werden im Klassenrat bei Bedarf auch unterrichtorganisatorische Fragen besprochen und festgelegt. Das können z.B. die Verlängerung oder Verkürzung der Arbeitszeit für ein Thema, die Terminierung der anstehenden Klassenarbeiten und die Vermittlung und Diskussion von erfolgreichen Arbeitsstrategien sein.

Die **Mitbestimmungsmöglichkeiten** der Kinder durch den Klassenrat können so zusammengefasst werden:

1. Die Kinder können die vom Lehrer festgelegten Pflichtinhalte methodisch variieren und eingeschränkt inhaltlich mitplanen.
2. Sie planen außerdem inhaltlich und methodisch weitgehend eigenverantwortlich durch eigene Vorschläge mit und stimmen in der Klassengemeinschaft darüber ab.

Sie machen **inhaltliche** Vorschläge,
- die sich auf die Freie Arbeit einzelner Kinder oder einer Gruppe beziehen,
- die zu den Arbeitsvorhaben der Klasse passen,
- die als neues Pflichtarbeitsvorhaben von allen Kindern bearbeitet werden sollen.

Die **methodische** Einflussnahme bezieht sich auf
- die Bearbeitungszeit für anstehende Aufgaben,
- die Mitbestimmung der Bearbeitungszeit, einschließlich einer eventuell erforderlich werdenden Arbeitszeitverkürzung oder -verlängerung,
- die Terminierung der Klassenarbeiten.

5

Protokoll einer Klassenratssitzung

Klasse: 3b

Präsident: Steffen
Protokoll: Marie

0. Neslihan liest das Protokoll vom letzten Klassenrat vor.

1. Dana und Marie stellen die Karte 7 von der Langzeitaufgabe „Taschenrechner" vor. Paul liest seinen Aufsatz aus dem Schreibgeschichtenheft vor. Neslihan liest auch ihre Geschichte von Herrn und Frau Stöpsel vor. Sie ist sehr lustig.

2. Sebahat findet es nicht gut, dass Dana einfach eine Wette abgeschlossen hat ohne ihr Einverständnis und dass Lisa dabei ihre Tasche durchwühlt hat. Lisa schlägt als Lösung vor, dass Sebahat ihre Tasche unter den Tisch auf die Ablage stellen kann. Das will Sebahat jetzt auch tun. Lennard will auf Frau Morgenthaus Vorschlag hin etwas verändern: Alle wollen, dass wir draußen die Hütte weiterbauen und nicht die angefangene Kegelbahn. Einstimmig.

3. Neslihan lobt Paul und Marie, dass sie sich nach ihrem Streit wieder vertragen haben.

5

4. Frau Morgenthau macht den Vorschlag, dass wir im Schreibgeschichtenheft die Seite mit dem Theaterstück erst vor dem Forum machen, denn dann können wir es dort vorführen. Frau Morgenthau sagt auch, dass wir in der nächsten Woche vier Seiten im Rechnen machen müssen, mit verschiedenen Körpern (z.B. Würfel und Kegel). Marie denkt sich dazu Aufgaben aus. Wir sollen nächste Woche zwei Rechtschreibkarten als Hausaufgabe machen, denn wir schreiben einen Test. Zu dem Landgeschichten-Thema sollen wir ein Marathon-Lesen machen: jeden Tag ein Kapitel.
   Wenn wir dann fertig sind, müssen wir uns eine Aufgabe aussuchen, die wir dann erarbeiten.

5. Marie möchte mit Neslihan in der nächsten Woche das Enten-Thema weitermachen. Steffen und Recep stellen am Donnerstag verschiedene Trecker vor. Paul schreibt in der nächsten Woche den Bericht über das Thema „Papier herstellen", Dana und Lisa stellen die Klassenzeitung fertig. Für das „Gute-Luft-Thema" denkt Esra sich ein Arbeitsblatt aus. Lisa will, wenn die Klassenzeitung fertig ist, „Deutsche Schrift" machen. Bastian schlägt vor, dass wir eine neue Langzeitaufgabe machen: Klassenzeitungs-Meister. Aber diese Aufgabe wird nicht angenommen, denn bald ist das Schuljahr zu Ende und es sollen ja sowieso alle etwas für die Klassenzeitung schreiben.
   Alle Kinder sollen sich zum Montag überlegen, was wir am Wandertag unternehmen könnten.

Schüleraktivitäten beobachten

5

Von den Aktivitäten der Kinder mache ich mir während der Klassenratssitzungen Notizen. Dadurch kann ich diese wichtige Schülertätigkeit in späteren Beurteilungen berücksichtigen und auch Entwicklungen bei den Kindern einbeziehen. Fehlen solche Notizen, kann es leicht passieren, dass man sich entweder von markanten Einzelleistungen oder überwiegend vom aktuellen Schülerverhalten beeinflussen lässt. Die Beobachtungen trage ich in einer einfachen Klassenliste ein, wie sie auch für das Notieren von Zensuren benutzt wird. Jede Woche nehme ich für meine Kurznotiz eine neue Spalte und notiere die beobachteten Aktivitäten in Form von Kürzeln:

Nach nur wenigen Wochen lassen sich anhand der Aufzeichnungen ziemlich genau die Stärken und Schwächen der Kinder ablesen und auf dieser Basis dann fördernde oder bremsende Impulse planen.

P	Präsident/in
V	stellt Arbeitsergebnis vor
A	schlägt eine neue Aufgabe zur Bearbeitung vor
L	lobt eine andere Person
R	schlägt Regelung vor
←	geht auf Vorredner inhaltlich ein
←E	erweitert einen Vorschlag
?	stellt am Problem orientierte Frage
!	bietet Lösung an
X	redet ziellos
–	stört
o	fehlt

6

Das Forum

- Gestaltungsformen
- Bedeutung für die Kinder

6

Gestaltungsformen

Kinder, die individualisiert lernen und arbeiten sollen, brauchen dennoch oder gerade deshalb ein großes Maß an vielfältigen und unterschiedlichen Gemeinschaftserfahrungen. Diese finden sie in der eigenen Lerngruppe beim Vorstellen der Arbeitsergebnisse oder aber in besonderen Großgruppenveranstaltungen.

Das Forum in seinen unterschiedlichen Ausprägungen ist ein solches schulisches Großgruppenangebot. Dabei können die Kinder lernen, sich in neuen sozialen Gruppen zu orientieren, sich angemessen und rücksichtsvoll zu verhalten und die Lern- und Arbeitsergebnisse vor einer sehr großen und altersgemischten Gemeinschaft zu präsentieren. Wenn es in einer Schule nicht möglich ist, ein Forum für alle Klassen zu organisieren, können als Alternative kleinere Foren für die einzelnen Klassenstufen angeboten werden.
Als dritte Möglichkeit können sich jeweils zwei Partnerklassen aus verschiedenen Stufen gegenseitig besuchen, um einander Arbeitsergebnisse vorzustellen.

An meiner Schule findet das Forum wöchentlich statt und dauert im Regelfall ungefähr 20 bis 30 Minuten. Eine weniger intensive Form ist das Forum als Abschlussveranstaltung eines Schulquartals, das z.B. unter dem Motto „Gemeinsam in die Ferien“ stehen kann. Das letzte Forum im Schuljahr findet bei uns immer am letzten Schultag vor der Zeugnisvergabe statt und steht unter dem Motto „Die vierten Klassen verabschieden sich von der Schulgemeinschaft“.

6

Innerhalb eines Jahres, das hier beispielhaft dargestellt werden soll, haben die verschiedenen Klassen an meiner Schule die nachstehend aufgelisteten Themen gewählt:

Schulkindergarten
Yoga für Katzen – Episoden aus den „Sams-Geschichten" vorspielen

1. Klassen
Buchstabenparade – Die Kinder unserer Klasse – Die Zahlen 1 bis 20 – Pfannkuchen vorbacken und dazu erzählen – Froschkönig

2. Klassen
Papierfaltarbeiten präsentieren und die Herstellung beschreiben – Das neue Jahr, die 12 Monate – Text „Hänsel und Gretel" mit verteilten Rollen vortragen – Mitmachlied singen – Vorstellen neuer Geräte für die Pausenspiele – Sing-Sprech-Spiel: „Die Katze schläft"

3. Klassen
Lesedialog zum Thema „Angst" – Leib- und Magengedichte vortragen – Luft und Wind – Rollenspiel: „Das Kaninchen und der Wolf" – Vorspielen eines Instrumentalstückes

4. Klassen:
Von Ferienerlebnissen berichten – Das alles schenkt uns der Herbst – Rollenspiele: Wir sind Kinder einer Erde – Spielgedicht: „Die Bremer „Stadtmusikanten" – Diavortrag von der Klassenfahrt – Peter sammelt die „Zeit"

Alle Klassen stellten während dieses Jahres ausschließlich Themen und Inhalte vor, die dem Unterricht entsprangen oder einen engen Bezug zum Unterricht der Klasse hatten.

Die Themenfindung wurde in den meisten Klassen noch von den Lehrkräften initiiert oder gelenkt. Mehrmals handelte es sich um in die Schulöffentlichkeit verlegte Präsentationsphasen eines Unterrichtsvorhabens der Klasse. Inzwischen kommen die Ideen und Gestaltungsvorschläge für das Forum verstärkt von den Kindern. Sie kennen bereits verschiedene Präsentationsformen und wissen, welche davon sich gut für das Forum eignen. Beliebt sind Lieder, kleine Theaterszenen, Finger- und Stabpuppenspiele, Gedichte und Zungenbrecher, kurze Diavorträge.

6

Bedeutung für die Kinder

Wenn die Kinder im Schulkindergarten oder in der ersten Klasse zum ersten Mal am Forum teilnehmen, sind sie meist sehr aufgeregt. Die ersten Foren des Jahres werden bei uns deshalb nur von den zweiten bis vierten Klassen gestaltet. So können sich die Schulanfänger langsam an die große Gruppe und den Ablauf gewöhnen, bevor sie selbst einen Beitrag leisten. Dieser wird von den betreuenden Lehrkräften intensiv vorbereitet, damit sich die Kinder bei ihrem Auftritt sicher fühlen. Bei aller Aufregung im Vorfeld sind die Kinder dann in der Regel während dieses ersten Auftritts sehr konzentriert und voller Freude dabei. Von den älteren Kindern bekommen sie einen Extra-Applaus und sind hinterher höchst zufrieden und stolz.

In den höheren Klassen lässt zwar die Aufregung, nicht aber das Interesse für das Forum nach. Häufig bekommen sie hier inhaltliche und methodische Anregungen, die sie in der eigenen Klasse oder auch in der Pause aufgreifen und ausprobieren können.

6

Kinder präsentieren im Forum ihre Arbeitsergebnisse

7

Lehr- und Lernumgebung

- Klassenraumgestaltung
- Räume zur allgemeinen Nutzung

7

Klassenraum-gestaltung

Ein kindgemäßer und pädagogisch wirkungsvoller Klassenraum muss den Kindern eine Umwelt bieten, in der sie sich wohl fühlen können, die zu Eigeninitiativen anregt und die den grundlegenden Arbeitsbedürfnissen der Kinder entspricht. Einzelarbeit, Partnerarbeit, Kreisgespräche, forschendes Lernen und lehrerzentriertes Arbeiten sollten im Klassenraum auch parallel nebeneinander möglich sein. Außerdem sollten der Raum und die Möbel ästhetischen Maßstäben entsprechen.

Raumgestaltung in Vermittlungsphasen

Meinen Unterricht gestalte ich nur noch teilweise lehrerzentriert. In der übrigen Unterrichtszeit sollen die Kinder möglichst selbsttätig arbeiten. Dieser Vorsatz hat, soll er gelingen, auch Konsequenzen auf die Raumgestaltung, in der die Lehr- und Lernprozesse umgesetzt werden sollen.

Ich versuche die Klassenräume, in denen ich arbeite, so zu gestalten und zu gliedern, dass die Lehrinteressen der Lehrkräfte und die Lerninteressen der Kinder gleichermaßen berücksichtigt werden können. Für die Vermittlungs- und Präsentationsphasen, ganz gleich, ob von der Lehrkraft oder von Kindern gestaltet, ist bei mir ständig eine ausreichend große Fläche vor der Wandtafel reserviert.

Wenn wir zum Beispiel neue Inhalte gemeinsam erarbeiten, die Kinder einen Versuch vorführen oder einen kleinen

Sachvortrag halten, setzen sich die Kinder mit ihren Stühlen im **Halbkreis** vor die Tafel. Bei einer Präsentation von Gegenständen oder Versuchsabläufen wird die Frontfläche durch einen Ausstellungstisch oder einen Ausstellungsteppich ergänzt. Wenn die Fläche vor der Tafel zu klein ist oder sehr viele Kinder in der Klasse sind, kann ein **Kinokreis** gebildet werden. Dazu setzen sich einige Kinder auf die Tische hinter den Halbkreis aus Stühlen. Von dieser erhöhten Position aus können sie bequem über die Köpfe der anderen Kinder hinwegsehen. Wenn in der Klasse Teppichfliesen oder Sitzkissen vorhanden sind, kann damit ein weiterer Halbkreis vor dem Stuhl-Halbkreis gebildet werden, sodass die Kinder insgesamt in drei verschiedenen Höhenstufen sitzen und somit gute Sicht auf die Vortragenden haben.

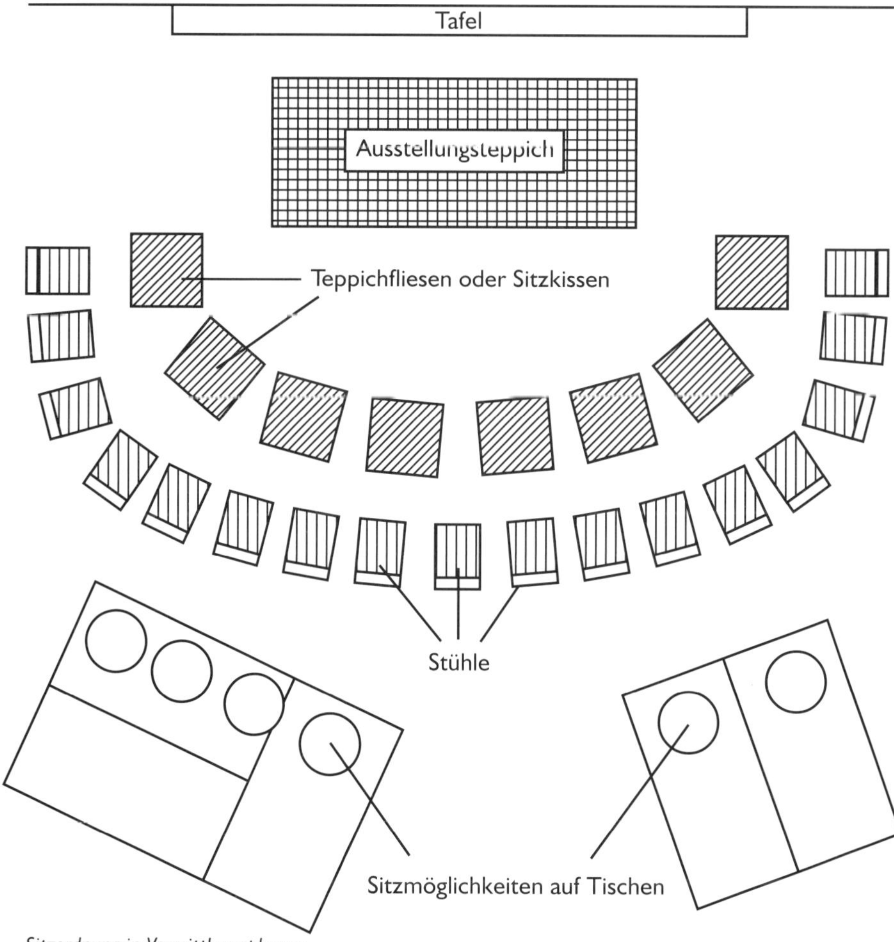

Sitzordnung in Vermittlungsphasen

Im Halbkreis vor der Tafel sind die Kinder räumlich näher an den Mitschülern, am Lehrer und gegebenenfalls an den Ausstellungsgegenständen. Diese räumliche Konzentration auf die Sache hilft besonders den motorisch unruhigen und den leicht abzulenkenden Kindern. Der individuelle Schüler-Arbeitsplatz ist meinen Erfahrungen nach in solchen Unterrichtsabschnitten in seiner Konzentrationswirkung auf die Sache wesentlich schwächer, oft sogar kontraproduktiv. Auf der Freifläche vor der Tafel richten wir auch unsere Gesprächskreise ein, die zum Vorlesen, Besprechen oder für die Klassenratssitzungen genutzt werden.
In einer Klasse hatte ich sehr viel Platz und konnte im Nebenraum einen großen Besprechungstisch aufstellen.
Die Tischplatte habe ich so groß gewählt, dass alle Kinder um sie herum einen Sitzplatz finden konnten.
Die Tischplatte lag auf zwei niedrigen Schülertischen und wurde auf der Unterseite von angeschraubten Holzlatten am Verrutschen gehindert. Es genügt, die Platte auf die Tische zu legen, ohne sie mit ihnen zu verschrauben.
Das große Gewicht der Platte gibt der Konstruktion ausreichenden Halt. Will man ganz sicher gehen, können kleine Riegel einen jederzeit lösbaren Verbund schaffen. Wegen der Größe des Tisches und der dadurch eingeschränkten Handhabung wäre es nicht praktisch, die Platte mit den Untertischen dauerhaft zu verbinden.

7 Raumgestaltung für individuelles Arbeiten

Jedes Kind hat einen persönlichen Arbeitsplatz an einem Gruppen-Schülertisch, der meistens aus normalen Doppel- oder Einzel-Schülertischen zusammengestellt ist. In einer Schule hatte ich die Möglichkeit, die Gruppentische aus jeweils zwei Trapeztischen zusammenzustellen. Gemeinsam mit dem Außendienstmitarbeiter eines großen Schulmöbel-Herstellers hatten wir ein einfaches System für die Höhenanpassung entwickelt. Diese Tischform ist aber nur dann geeignet, wenn die frontalen Anteile des Unterrichts konsequent im Halbkreis vor der Tafel durchgeführt werden und auf das Abschreiben von Texten und Aufgaben von der Tafel verzichtet wird.

Zusätzlich stehen den Kindern meiner Klassen in den Nebenräumen, die mir bisher immer in irgendeiner Form zur Verfügung standen, weitere Arbeitsplätze für das stille, konzentrierte Arbeiten an einer Aufgabe bereit. Solche Nebenräume waren entweder angegliederte Gruppenräume, benachbarte Abstellkammern oder Flure.

Darüber hinaus habe ich den Raum in verschiedene Bereiche gegliedert. Ihnen sind bestimmte Aktivitäten oder Materialangebote zugeordnet. So gibt es, abhängig vom aktuellen Schuljahrgang, Lese-, Mal-, Schreib-, Rechen-, Spiel-, Forscher-, Computer- oder Bauecken.

In meinen Klassenräumen müssen sich die Kinder viel bewegen, um sich z.B.

vor die Tafel zu setzen, um den persönlichen Arbeitsplatz aufzusuchen, um Arbeitsmaterial oder Aufgabenangebote zu holen oder wegzuräumen. Damit die Kinder dabei nicht über die neben den Tischen stehenden Schultaschen stolpern, werden die Taschen ständig in zwei Schultaschenschränken verstaut. Solche Schultaschenschränke kann man sich z.B. sehr leicht aus alten, auf die Seite gelegten Schränken herstellen, wenn sie eine stabile Mittelwand haben. Nach Möglichkeit sollte jedes Kind auch ein individuelles Ablagefach im Klassen- oder im Nebenraum haben.

Hier kann es z.B. Dinge, die nur in größeren Zeitabständen gebraucht werden, Ersatzhefte und unvollendete Arbeitsergebnisse deponieren. Als Ablagefächer eignen sich z.B. Deckel von Kopierpapierkartons.

Bei der Gestaltung der Räume richte ich mich nach dem Grundsatz „Funktion geht vor Form", d.h. der Klassenraum wird immer nach den aktuellen Erfordernissen eingerichtet und nach Bedarf flexibel umgeräumt.

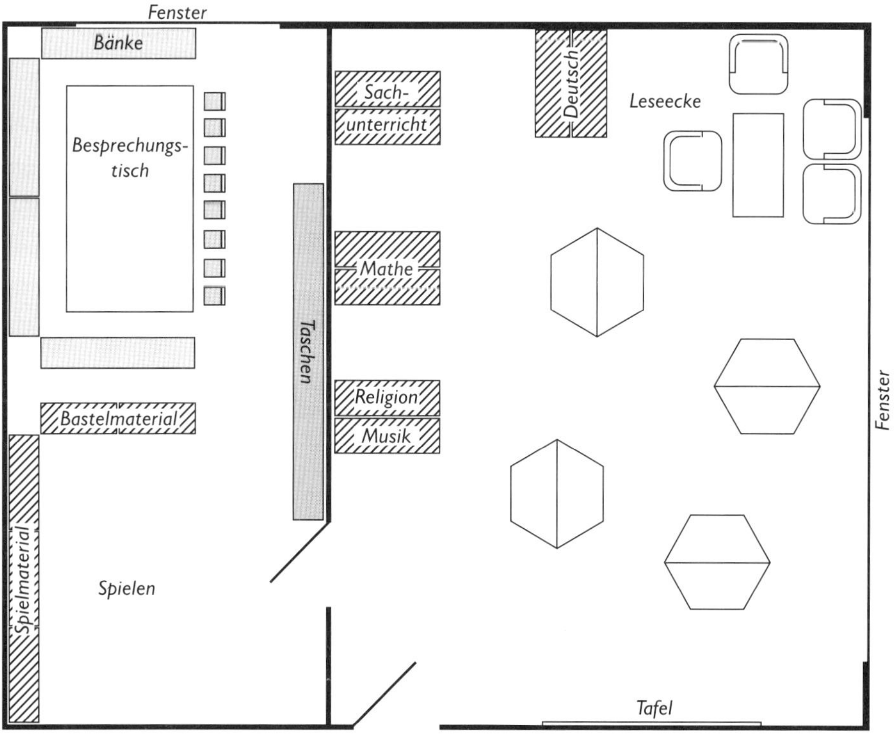

Grundriss eines Klassenraumes

Räume zur allgemeinen Nutzung

7 Kinderinformationszentrum

In einem Kinderinformationszentrum können sich Kinder aller Altersstufen Sachbücher, Nachschlagewerke, Arbeitsanleitungen und Anschauungsmaterialien für den Unterricht oder zum Selbststudium ausleihen. Es besteht ferner die Möglichkeit, sich digitale Medien auszuleihen oder nach Informationen im Internet zu suchen und sie bei Bedarf auszudrucken.
Folgende Punkte sollten bei der Planung eines Kinderinformationszentrums berücksichtigt werden:

- Möglichst zentrale Lage innerhalb des Schulgebäudes,
- Öffnungszeiten, die mit den projektbezogenen Arbeitsphasen und der Freien Arbeit in den Klassen weitgehend übereinstimmen,
- Ordnung des Materials nach Themenkomplexen,
- Aufbewahrung der Informationsträger in Greifhöhe der Kinder.

7

Textwerkstatt

In der Textwerkstatt können die Kinder ihre im Unterricht erarbeiteten Texte, ganz gleich ob in freier oder gebundener Arbeitsweise entstanden, in eine formal ansprechende Form bringen. Anschließend können sie die Texte hier auch vervielfältigen und binden. Die Textwerkstatt bietet den Kindern Raum und Material, ihre Texte auf verschiedene Art zu erstellen, vom gedruckten Plakat über die Vervielfältigung von Einzeltexten, bis hin zu kleinen Buchproduktionen.

In der Textwerkstatt erhalten die Kinder also die Möglichkeit, ihre Texte mit dem Computer oder mit einer Druckpresse zu vervielfältigen. Dabei sollen sie grammatikalische, gestalterische und rechtschreibliche Regeln anwenden und beachten lernen.

Die Bereitstellung der dafür erforderlichen Arbeitsmaterialien in einer zentralen Textwerkstatt hat mehrere Vorteile und berücksichtigt unterschiedliche Formen der Öffnung:

- In der Textwerkstatt treffen Kinder aus verschiedenen Klassen zusammen, die mit ähnlichen Problemen beschäftigt sind. Klassenübergreifende Aktivitäten und gegenseitige Hilfeleistungen von Kind zu Kind werden angeregt und gefördert.
- Das Material kann intensiv genutzt werden. Damit rentiert sich die Anschaffung der Arbeitsgeräte und -materialien.
- Der Umgang mit Werkzeug und Farbe erfordert gewisse Rücksichtnahmen, die in einem Fachraum besser als in vielen Klassenräumen einzuhalten sind.
- Störungen und Ablenkungen in den Klassenräumen werden reduziert oder entstehen erst gar nicht.
- Dadurch, dass einzelne Kinder den Klassenraum während des Unterrichts verlassen müssen, wird der Unterricht harmonisch und sachbezogen auf der räumlichen Ebene geöffnet und der Fachraum „Textwerkstatt“ in das Unterrichtsgeschehen einbezogen. Die Textwerkstatt soll der Grundkonzeption entsprechend schwerpunktmäßig für die Textgestaltungsbedürfnisse einzelner Kinder zur Verfügung stehen, weniger ein dem Werk- oder Musikraum vergleichbarer Fachraum für ganze Klassen sein. Dafür wird in der Regel die Materialausstattung nicht reichen.

8

Unterrichts-abläufe

- Verschiedene Unterrichtstage
- Allgemeine Beoachtungen

8

Verschiedene Unterrichtstage

Zeitweise hospitierten in meinen Klassen Studentinnen im Rahmen eines Pädagogikseminars zum Anfangsunterricht. Dabei wurden von den Studentinnen Berichte angefertigt, von denen hier drei wiedergegeben werden sollen, weil sie den Unterricht aus einem anderen Blickwinkel wiedergeben.

Ablauf eines Unterrichtsvormittags mit einem Wochenarbeitsplan

Zu Beginn treffen sich alle Kinder an einem Versammlungstisch im Nebenraum des Klassenzimmers. Ein Kind liest aus seinem Schultagebuch vor. Danach erhält jedes Kind von der Lehrerin einen Wochenplan. Die Kinder lesen den Plan und unterhalten sich leise über die Aufgaben. Anschließend fordert die Lehrerin die Kinder auf, der Klassengemeinschaft mitzuteilen, welche Aufgaben sie sich für den heutigen Tag vorgenommen haben. Die meisten Kinder nennen zügig eine Aufgabe, andere müssen erst überlegen und können sich offensichtlich nicht entscheiden. Sie dürfen mit ihrer Entscheidung so lange warten, bis alle anderen Kinder an der Reihe waren. Die Lehrerin fragt, wer für welche Aktivitäten den Klassenraum verlassen möchte. Es melden sich einige Kinder, die eine Theaterszene auf dem Flur proben wollen, um die anderen Kinder nicht im Klassenraum zu stören.
Es folgt eine sogenannte „Flüsterstunde". In dieser Zeit bearbeiten die Kinder Übungsaufgaben aus dem

Wochenplan. Dabei handelt es sich um sehr unterschiedliche Tätigkeiten: Einige Kinder rechnen schriftliche Übungsaufgaben, andere arbeiten mit der Rechtschreibkartei oder diktieren sich gegenseitig leise Lernwörter. Die Lehrerin erklärt einer Kleingruppe an der Tafel eine Matheaufgabe. Die Kinder arbeiten überwiegend ruhig und sehr konzentriert.

In der nächsten Stunde können die Kinder frei aus dem Wochenplan wählen: Einige lesen in der Leseecke, andere schreiben eine Fantasiegeschichte oder einen Artikel für die Klassenzeitung. Manche Kinder stellen aber auch ihre in der Flüsterstunde begonnenen Übungsaufgaben fertig. Einige Kinder melden sich ab, um an einer Werkaufgabe weiterzuarbeiten. Als es etwas unruhig wird, schlägt ein Kind einen Triangel und die Kinder werden sofort wieder leiser.

Zum Schluss treffen sich wieder alle am großen Gruppentisch und berichten von ihren Aktivitäten. Die Lehrerin legt Kärtchen mit den Aufschriften „Das habe ich gemacht", „So habe ich es gemacht" und „Ich brauche Hilfe" auf den Tisch. Einige Kinder stellen daraufhin Teilergebnisse vor, berichten von Schwierigkeiten und erhalten Rat von den Mitschülern.

Kinder bei der Freien Arbeit

8

Ein Vormittag in der GS Talbachstraße

8.00 Uhr: Die Kinder kamen nacheinander in die Klasse und wurden einzeln von Frau Morgenthau begrüßt. Sie nahmen sich von selbst verschiedene Materialien aus den Regalen und begannen sofort zu arbeiten. Einige hatten sich offenbar bereits am Vortag in der Matheecke verabredet um sich selbst und ihre Schultaschen mit einer Personenwaage zu wiegen. Andere saßen in der Leseecke und lasen sich gegenseitig kleine Leseheftchen vor. Im Nebenraum bastelte eine kleine Gruppe an der Kulisse für ein Theaterstück. Ich war überrascht, dass die Kinder mit so unterschiedlichen Tätigkeiten beschäftigt waren und dass das alles gleichzeitig möglich war.

Kinder beim Wiegen in der Matheecke

Anschließend trafen sich alle in einem großen Gesprächskreis. Frau Morgenthau sagte nur einige einleitende Sätze und übergab die Gesprächsführung dann an ein Mädchen und einen Jungen. Die anderen Kinder berichteten von ihren Ergebnissen und Problemen. Die Kinder diskutierten auch über die Aufgaben des Wochenplans für die folgende Woche. Dabei brachten sie tolle eigene Ideen ein und stimmten darüber ab. Am Ende des Gesprächskreises übernahm Frau Morgenthau wieder die Leitung und besprach mit den Kindern die folgende Wochenplan-Stunde.

In dieser Stunde hatte ich Gelegenheit, einzelne Kinder genauer bei ihrer Arbeit zu beobachten.
Mir ist aufgefallen, wie selbstständig sich die meisten Kinder für Aufgaben entscheiden und ihr Material holen. Mir gegenüber waren sie sehr offen und selbstbewusst. Viele sind von sich aus auf mich zugekommen, um mir ihre Arbeitsergebnisse zu zeigen oder mich bei einer Aufgabe um Hilfe zu bitten.

In der folgenden Deutsch-Stunde lasen die Kinder zunächst selbstgeschriebene Geschichten vor, die sie in einem Buch zusammenfassen wollten. Wenn ein Kind seine Geschichte vorgelesen hatte, lobten die anderen zuerst die positiven Aspekte und machten danach Verbesserungsvorschläge. Die Geschichten waren sehr unterschiedlich. Gruselgeschichten waren ebenso darunter wie Märchen und Sachtexte.

In der letzten Stunde hatte die Klasse Fachunterricht bei der Religionslehrerin.

Ein ganz normaler Freitag

8.00 Uhr: Die Kinder treffen im Klassenraum ein. Einige Kinder nehmen sofort eine Arbeit auf oder beginnen zu spielen. Auf meine Nachfrage hin erfahre ich, dass sie an freien Wahlaufgaben arbeiten.

8.05 Uhr: Alle versammeln sich am Besprechungstisch. Die Lehrerin bespricht mit den Kindern den Tagesplan.

8.10 Uhr: Die Kinder begeben sich wieder an ihre freien Wahlaufgaben. Sie arbeiten einzeln, zu zweit oder in kleinen Gruppen zusammen. Die Lautstärke hält sich in Grenzen, da die Kinder auch den Nebenraum und den Flur nutzen.

9.20 Uhr: Einige Kinder stellen ihre Arbeitsergebnisse vor.

9.30 Uhr: Pause

9.50 Uhr: Die Kinder frühstücken gemeinsam am großen Tisch.

10.00 Uhr: Die Lehrerin bespricht mit den Kindern Organisatorisches für die folgende Stunde: Die Kinder sollen leise die Pflichtaufgaben aus dem Wochenplan bearbeiten. Die Kinder verteilen sich in die verschiedenen Ecken des Klassenraumes und auf den Flur.

11.00 Uhr: Vorlesestunde. Die Kinder holen einen bunt geschmückten Stuhl, den „Vorlesethron" nach vorne und setzen sich im Halbkreis um ihn herum. Einzelne Kinder lesen aus der Fibel oder Büchern aus der Leseecke vor. Es ist sehr ruhig.

11.30 Uhr: Pause

11.50 Uhr: Klassenrat.
Nachdem die Kinder von der vergangenen Woche berichtet haben, findet eine Diskussion darüber statt, ob in der Pause ein Wachdienst vor der Klassentür eingerichtet werden soll, weil einem Mädchen anscheinend ein Radiergummi gestohlen wurde.
Ein Kind gibt zu bedenken, dass es nicht erwiesen sei, dass der Radiergummi tatsächlich gestohlen wurde. Die Klasse beschließt, erst einmal abzuwarten, ob der Radiergummi innerhalb der Woche wieder auftaucht, und dann evtl. erneut uber den Wachdienst abzustimmen.
Nachdem einer der Präsidenten den Klassenrat beendet hat, verleiht die Lehrerin feierlich eine Urkunde an den „Kopfrechenkönig".

12.30 Uhr: Forum.
Alle Klassen versammeln sich in der Aula. Eine Klasse stellt verschiedene Arbeitsergebnisse zum Thema „Radio" vor: In Zusammenarbeit mit dem örtlichen Bürgerfunk haben sie eine kurze Reportage über ihre Schule aufgenommen, die zu Beginn vorgespielt wird. Einige Kinder berichten, was sie im Tonstudio alles erlebt haben. An einer Stellwand

hängen Plakate über verschiedene Beitragsformen im Radio, wie z.B. Interview und Reportage. Ein Kind aus einer anderen Klasse darf nach vorne kommen und an einem kurzen Beispiel-Interview teilnehmen.

13.05 Uhr: Die Kinder kehren in ihren Klassenraum zurück und räumen auf.

13.15 Uhr: Unterrichtsende

Kinder bei der Freien Arbeit

8

Allgemeine Beobachtungen

Im Schlussteil des Hospitationsberichtes fassten die Studentinnen die Gemeinsamkeiten ihrer Beobachtungen zusammen:

Am meisten beeindruckt hat uns die enorme Selbstständigkeit der Kinder in allen Phasen des Unterrichts. In allen Unterrichtsphasen organisierten die Kinder ihre Arbeit scheinbar problemlos selbst. Bisher hatten wir nur in Klassen hospitiert, in denen überwiegend Frontalunterricht stattfand. Dort liefen die Kinder in Arbeitsphasen oft nach vorne zur Lehrerin, um sich etwas erklären zu lassen. Hier hatten die Kinder zwar auch ab und zu Fragen, konnten aber insgesamt viel selbstständiger arbeiten. Dazu hatten sie auch ausreichend Gelegenheit, denn Frontalunterricht fand fast gar nicht statt. Die Lehrerin agierte überwiegend im Hintergrund als Beraterin und Aufsichtsperson. Dabei achtete sie dennoch auf die Einhaltung von bestimmten Regeln.
Das Arbeitsklima in der Klasse ist insgesamt sehr angenehm. Die Kinder arbeiten mit ihren selbst gewählten Partnern und Gruppen gut zusammen. Sie zeigen auch großes Interesse für die Arbeit der anderen Kinder, was vermutlich daran liegt, dass alle an unterschiedlichen Aufgaben arbeiten.
Insgesamt hat uns das Praktikum im Hinblick auf die bevorstehende zweite Phase der Lehramtsausbildung ermutigt, selbst „offenen Unterricht" zu erproben.

9

Differenzieren und Beurteilen

- Differenzierung im Unterricht
- Klassenarbeiten differenziert schreiben und beurteilen
- Zeugnisse

Differenzierung im Unterricht

9 Differenzierung im Wochenplanunterricht

Ein differenziertes Aufgabenangebot ist eine wesentliche Grundlage meines Unterrichts. Dabei können verschiedene Gestaltungsformen mit unterschiedlicher Bindung für die Kinder wirksam werden.

Innerhalb eines Wochenplanes entscheidet das lernende Kind z.B. selber

- über die Reihenfolge und das Tempo der zu bearbeitenden Pflichtaufgaben,
- welche von den Wahlpflichtaufgaben es wann und mit welchem Partner zusammen bearbeiten will,
- ob es eine Aufgabe bearbeiten muss, dessen Übungsinhalte es noch nicht sicher beherrscht,
- welche freien Aufgaben es bearbeiten möchte oder
- ob es ein völlig frei gewähltes Thema bearbeiten will.

Die Qualität des Entscheidungsbereiches der Kinder nimmt in dieser Aufzählung kontinuierlich zu. Bei der Planung der Wochenplanaufgaben achte ich darauf, dass der Plan möglichst immer alle hier genannten Differenzierungsstufen enthält.

Differenzierung in der Freien Arbeit

Die Kinder entscheiden in der Freien Arbeitszeit

- über die zu bearbeitende Aufgabe,
- über den Zeitpunkt des Beginns,
- über die Zahl der Wiederholungen,
- über das Arbeitstempo,

- über den Arbeitsfluss und die Unterbrechungen
- über die Inanspruchnahme von Hilfe,
- über die Beendigung der Arbeit,
- über die Arbeitspartner und
- über den Arbeitsplatz.

Die Kinder müssen
- ihre eigene Arbeitsstrategie wählen,
- das Arbeitsergebnis selbst kontrollieren,
- die Arbeitsdisziplin einhalten und umsichtig vorgehen und
- sorgfältig und konsequent arbeiten.

9 Differenzierung in Lehrgängen

Das folgende Beispiel soll verdeutlichen, dass Differenzierung auch in Lehrgängen möglich ist. Vom zweiten Schuljahr an bearbeiten die Kinder in meinen Klassen einen Rechtschreiblehrgang weitgehend selbsttätig. Dafür fasse ich alle Rechtschreibübungen für den Zeitraum von vier bis fünf Wochen in einem Arbeitsheft zusammen. Für die Bearbeitung gelten folgende Regeln:

1. Arbeite immer montags bis donnerstags zum Beginn der zweiten Stunde an diesen Aufgaben! Du hast dafür ungefähr 20 bis 30 Minuten Zeit.
2. Fange sofort nach dem Klingeln mit der Arbeit an!
3. Versuche immer, eine Aufgabe bis zum Ende zu bearbeiten.
4. Bemühe dich immer lesbar und fehlerfrei zu schreiben.
5. Jede Aufgabe muss von einem Partner kontrolliert worden sein. Unterschrift!
6. Wähle dreimal in der Woche eine Hausaufgabe aus. Für die Auswahl und Durchführung bist du selbst verantwortlich!
7. Spätestens nach vier Wochen musst du alle Aufgaben geschafft haben! Dann kommt das Prüfdiktat am Dienstag der fünften Woche.
8. Du darfst ab der dritten Woche selbst bestimmen, ob du das Diktat früher schreiben willst.
   Bedingung: Du hast alle Aufgaben fehlerfrei bearbeitet.

Kontrollen

9

„Versuchen die Kinder nicht, sich vor den notwendigen Arbeiten zu drücken?“
„Verliert man bei diesem Unterricht nicht den Überblick?“

Fragen, die mir immer wieder gestellt werden, wenn z.B. Kolleginnen und Kollegen oder Eltern in der Klasse zugesehen haben. Fragen, die ich mir anfangs auch stellte.

Ja, es kommt vor, dass Kinder einer Arbeit ausweichen wollen, weil sie ihnen z.B. Mühe bereiten würde, weil die Aufgaben eher langweilig sind oder weil sie interessantere Dinge vorhaben. Den unterschiedlich motivierten Ausweichanlässen kann nur individuell begegnet werden.

Hilfreich bei der Kontrolle und Eigenkontrolle sind z.B. die tägliche Selbstverpflichtung und der tägliche Rechenschaftsbericht. Diese ritualisierte Maßnahme fordert vom Kind immer wieder eine Erklärung seines Verhaltens. Dadurch weichen die Kinder Aufgaben weniger leichtfertig aus.

Bearbeitete Aufgaben haken die Kinder oder ich im Wochenplan und auf der Kontrollkarte für die Freie Arbeit ab. So haben sie ständig vor Augen, welche Aufgaben noch ausstehen. Aus diesem Grund bestehe ich auf der Mitnahme der Pläne und Kontrollkarten in die Besprechungsrunden. Viele Aufgaben sind nur mit einem Partner zu lösen. Die Partner haben bei solchen Aufgaben grundsätzlich die Pflicht, die Ergebnisse des Mitschülers zu kontrollieren

und eventuell zu korrigieren. Sie müssen diese Kontrolle durch ihre Unterschrift dokumentieren.
Zeitweise hatte ich für bestimmte Lehrgänge auch Lernfortschrittslisten in der Klasse aushängen. Dort mussten die Kinder ein Kreuz machen, wenn sie die Aufgabe bearbeitet hatten. Solche öffentlichen Listen benutze ich inzwischen nicht mehr, da sie in meinen Klassen oft einen Wettbewerb um die schnellste Bearbeitung ausgelöst hatten. Außerdem führte das Dokumentieren einer langsamen Arbeitsweise bei lernschwächeren Kindern zur Bloßstellung ihrer Schwächen für alle Besucher der Klasse. Das Ergebnis war oft unproduktiver Lernverdruss.
Solche Listen führe ich nur noch für mich allein. In ihnen notiere ich die Arbeitsstände der Kinder. Sollte ich Rückstände feststellen, dann lege ich gemeinsam mit dem Kind fest, in welcher Form diese Arbeiten nachgeholt werden.

Beobachtungsbögen

Ergänzend zu den Listen zum Arbeitsstand der Kinder notiere ich zu jedem Kind wichtige Informationen zum Arbeits- und Sozialverhalten in einem Beobachtungsbogen. Ich habe dabei versucht, in diesem Bogen den Methoden und Ansprüchen des offenen Unterrichts gerecht zu werden. So ist ein Beurteilungsbogen speziell für Freie Arbeit und Wochenplanunterricht entstanden, der die unterschiedlichen Ansprüche der einzelnen Phasen (Planungsphase, Handlungsphase und Veröffentlichungsphase) berücksichtigt. Zu jeder dieser Phasen habe ich mehrere Schlüsselfragen aufgelistet und verschiedene Antwortmöglichkeiten vorformuliert. Da ich immer wieder Beobachtungen mache, die über diese Antwortmöglichkeiten hinausgehen, habe ich zu jeder Frage eine Zeile für weitere Beobachtungen freigelassen.

Um zu kennzeichnen, wie stark die beobachteten Verhaltensweisen bei einem Kind ausgeprägt sind, verwende ich die Symbole „0“ für eine normale Ausprägung, „+“ für eine starke Ausprägung und „-“ für eine eher schwache Ausprägung. Außerdem schreibe ich zu allen Verhaltensweisen das Beobachtungsdatum, um Fort- oder auch Rückschritte besser zu überblicken.
Im Laufe eines Halbjahres mache ich für jedes Kind zu jeder Frage mindestens einen Eintrag. Ich führe die Liste während des Unterrichts und direkt nach der Schule, um alles Wahrgenommene möglichst unverfälscht festzuhalten. Trotzdem kommt es vor, dass ich mehrere Wochen nach Schuljahresbeginn zu bestimmten, meist ruhigen, eher unauffälligen Kindern noch kaum Einträge vorgenommen habe. Ich nehme mir dann an bestimmten Tagen gezielt vor, diese Kinder bzw. bestimmte Aspekte ihres Arbeits- und Sozialverhaltens zu beobachten.
Die Beobachtungsbögen sind bei mir eine wichtige Grundlage für das Zeugnisschreiben (s. S. 128) sowie für Beratungsgespräche mit einzelnen Kindern und Eltern. Sie geben mir Anhaltspunkte, welchen Kindern ich Hilfen anbieten sollte und wo ich Impulse setzen sollte.

Beobachtungsbogen 9 Planungsphase

Name: ______________________________ Klasse: __________

	Datum							
Wie beteiligt sich das Kind an der Erstellung des Wochenplanes?								
• schlägt bekannte Aktivitäten vor								
• entwickelt neue Arbeitsvorschläge								
• berücksichtigt gemeinschaftliche Interessen								
• ist kompromissbereit								
• leitet von entstandenen Fragestellungen auf neue Aufgaben über								
• beteiligt sich selten an der Planung								
• beteiligt sich nicht an der Planung								
•								
Wie wählt das Kind eine Arbeit aus?								
• vergleicht verschiedene Aufgaben und wählt dann								
• aus eigenem Antrieb								
• in Absprache mit Partner(n)								
• in Absprache mit der Lehrkraft								
• bleibt unschlüssig, unsicher, desorientiert								
• sofort								
•								
Welche Aktivitäten wählt das Kind aus?								
• Schwerpunkt in einem Lernbereich								
• meistens ähnliche Tätigkeiten								
• oft verschiedene Tätigkeiten								
• findet angemessene Mischung zwischen Pflicht- und Wahlaufgaben								
• wählt für sich angemessenen Schwierigkeitsgrad der Aufgaben								
• wendet sich fast nur Pflichtaufgaben zu								
• wählt zuerst die Wahlaufgaben								

Beobachtungsbogen 9 Handlungsphase

Name:______________________________ Klasse:__________

	Datum							
Welche Sozialform wählt das Kind häufig?								
• Einzelarbeit								
• Partnerarbeit								
• Kleine Gruppe								
• Große Gruppe								
•								
Wie arbeitet es mit anderen zusammen?								
• solidarisch								
• rivalisierend								
• stört aktiv								
• nimmt reine Zuschauerrolle ein								
•								
Wie verhält sich das Kind, wenn es sachlich nicht weiterkommt?								
• holt Hilfe bei anderen Kindern								
• holt Hilfe bei der Lehrkraft								
• wartet, bis die Lehrkraft das Problem entdeckt								
• gibt das Vorhaben vorläufig auf								
•								
Wie arbeitet es an einer Aufgabe?								
• wählt angemessenes Arbeitsmaterial aus								
• arbeitet gewissenhaft, leserlich, übersichtlich								
• arbeitet selbsttätig und ohne Ablenkung am gewählten Thema								
• lässt sich leicht ablenken								
• braucht Bestätigung/Ermutigung								
• braucht Anstöße, um die Arbeit zu Ende zu bringen								
• bricht gewählte Arbeiten unvollendet ab								
• beurteilt seine Aktivitäten selbstständig								
•								

Beobachtungsbogen 9 Planungsphase

Name:____________________________ Klasse:_________

	Datum							
Kommen Ergebnisse zustande?								
• Ja								
• Nein								
In welcher Form werden Ergebnisse festgehalten?								
• Wandzeitung								
• gestaltetes Heft								
• mündlicher Vortrag								
• Hörspiel								
• Modell								
• Aktion								
•								
Wie kritisch ist das Kind den eigenen Ergebnissen gegenüber?								
• schätzt Leistungen angemessen ein								
• unkritisch, findet alles gut								
• wenig selbstbewusst, findet alles schlecht								
•								
Wie geht das Kind auf die Ergebnisse anderer Schüler und Gruppen ein?								
• hört und sieht sich aufmerksam die Ergebnisse an								
• lobt gelungene Präsentationen								
• macht konstruktive Verbesserunsvorschläge								
• übt persönliche, unsachliche Kritik								
• zeigt kein Interesse								
• stört die Präsentation								
•								

Klassenarbeiten differenziert schreiben und beurteilen

9 Diktate

Die Differenzierung macht vor dem „ungeübten" Diktat nicht Halt. Hat ein Kind die Aufgaben vorzeitig abgeschlossen, dann kann es sich einen Diktattermin auswählen. Ich achte darauf, dass ich dafür möglichst mehrere Kinder in einer kleinen Gruppe zusammenfassen kann, dann hält sich für mich der Diktieraufwand in vertretbaren Grenzen. Den Kindern, die ihre Übungen erst zum letztmöglichen Termin abschließen, wird das Diktat in der vorher festgelegten Stunde diktiert. Diese Gruppe ist von Einheit zu Einheit unterschiedlich groß. Während des Diktats, das ich den Kindern einzeln, in Gruppen oder im Großgruppenverband diktiere, kann das Kind über den Umfang und die Schwierigkeit mitbestimmen. Dafür habe ich den Diktattext in **drei Teile** gegliedert. Im ersten Teil, dem **Grundtext**, werden vorwiegend Wörter diktiert, die schon sehr oft in verschiedenen Textzusammenhängen und Wörterbuchübungen trainiert und geschrieben worden sind. Der Grundtext enthält ungefähr die Hälfte der zu diktierenden Wörter. In den beiden folgenden Differenzierungsstufen, dem **Mitteltext** und dem **Langtext**, sind Wörter enthalten, die größere Rechtschreibschwierigkeiten enthalten oder die noch nicht so oft in anderen Zusammenhängen geübt worden sind. Außerdem enthalten sie Wörter, deren Schreibweise aus bekannten Wörtern oder Regeln abgeleitet werden müssen. Grundtext, Mitteltext und Langtext bilden eine Sinneinheit mit steigender Schwierigkeit.

Beispieldiktat „Halloween"

Grundtext (46 Wörter)
Am 31. Oktober feiern wir Halloween.
Deshalb wollen wir Kürbisse aushöhlen
und daraus Laternen basteln.
Die stellen wir ins Fenster. An die Decke
hängen wir Spinnen aus Wolle und Draht.
Das sieht schön schaurig aus. Wenn es
dunkel wird, verkleiden wir uns als Gespenster
oder Vampire.

Mitteltext (23 Wörter zusätzlich)
Aber warum feiern wir eigentlich
dieses gruselige Fest?
Halloween ist schon zweitausend Jahre alt.
Die alten Kelten feierten in dieser Nacht
ihr Neujahrsfest.

Langtext (24 Wörter zusätzlich)
Sie zogen sich schauerliche Kostüme an
und machten Feuer, um Hexen und Geister
zu vertreiben. Unsere Kürbislaternen erinnern
noch heute an dieses keltische Neujahrsfeuer.

9

Bei der Wahl der Schwierigkeitsstufe berate ich die Kinder und ermutige sie zur Leistung.

Im Anschluss an die Diktierphase haben bei mir alle Kinder die Möglichkeit, fünf Minuten lang Wörter, bei denen sie unsicher sind, im Wörterbuch nachzuschlagen und gegebenenfalls zu verbessern. In Zweifelsfällen kennzeichnen die Kinder die Wörter, bei deren Schreibweise sie unsicher sind.

Sollte sich ein Kind einmal in Bezug auf seine Leistungsfähigkeit verschätzt haben, dann hat das keine negativen Auswirkungen auf die Beurteilung. Die erfolgt immer nach der besten erbrachten Teilleistung. Das kann natürlich nicht dazu führen, dass man schwächere, weniger umfangreiche und anspruchsvolle Leistungen genau so zensiert, wie z.B. den Langtext. Deshalb lasse ich für Diktate nicht nur differenziert üben und prüfe sie differenziert ab, sondern ich zensiere sie auch differenziert.

Schreibt ein Kind den Grundtext, dann kann es bestens die Zensur „befriedigend“ erreichen. Im Mitteltext ist ein „gut“ als Bestzensur möglich und erst im Langtext ein „sehr gut“.

Die beiden Bewertungsschemata (S. 124) wende ich ausnahmslos bei allen Diktaten an und richte mich nicht nach einer durchschnittlichen Fehlerzahl. Das entspricht auch dem Gerechtigkeitsempfinden der Kinder.

Hat ein Kind den Diktattermin individuell gewählt und das Diktat geschrieben, dann erhält es sofort ein kleines Formular, dem die erbrachten Leistungen und die möglichen Fehler entnommen werden können. Das ist erforderlich, weil das Diktat so lange nicht mit nach Hause genommen werden kann, bis alle Kinder der Klasse das Diktat geschrieben haben.

Ist ein Kind mit den erreichten Leistungen unzufrieden (schlechter als befriedigend), dann kann es mit Hilfe des Lernberichts noch einmal gezielt üben und das Diktat zum Schlusstermin nochmals mitschreiben. Die Zensuren aus beiden Diktaten werden dann von mir gemittelt. Solche „Berichtigungen“ machen auch im Empfinden der Kinder Sinn: Die nochmalige Anstrengung führt tatsächlich und sichtbar zu einer Verbesserung der Beurteilung.

9

Zensierung von Diktaten im 3. Schuljahr

	Fehlerzahl		
Zensur	Grundtext	Mitteltext	Langtext
1	———	———	0, 1, 2
2	———	0, 1, 2	3, 4, 5
3	0, 1, 2	3, 4, 5	6, 7, 8
4	3, 4, 5, 6	6, 7, 8, 9	9, 10, 11, 12
5	7, 8, 9, 10	10, 11, 12, 13	13, 14, 15, 16
6	11, 12, ...	14, 15, ...	17, 18, ...

Zensierung von Diktaten im 4. Schuljahr

	Fehlerzahl		
Zensur	Grundtext	Mitteltext	Langtext
1	———	———	0, 1
2	———	0, 1, 2	2, 3
3	0, 1, 2	3, 4, 5	4, 5, 6
4	3, 4, 5	6, 7, 8	7, 8, 9
5	6, 7, 8	9, 10, 11	10, 11, 12
6	9, 10, ...	12, 13, ...	13, 14, ...

9

Lernbericht Diktat Nr. ______

Name: ______________________ Datum: ________

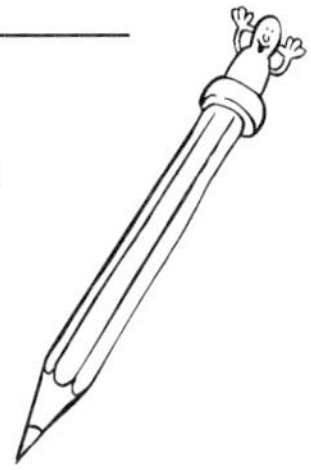

☐ Zeitpunkt der Überprüfung selbst bestimmt

☐ Gemeinsam geschriebenes Klassendiktat

☐ Wörterbuch durfte benutzt werden

	Grundtext .... Wörter	Mitteltext .... Wörter	Langtext .... Wörter
richtig geschrieben			
falsch geschrieben			
Wiederholungs fehler			
nicht geschrieben			
Zensur			

Diese Wörter hast du falsch geschrieben:

Du hast die Ziele der Rechtschreibüberprüfung

erreicht ☐ nicht erreicht ☐

Aufsätze

9

Einige der möglichen Differenzierungsformen habe ich in einer Übersicht zusammengefasst. Sie erhebt keinen Anspruch auf Vollständigkeit.

Zeitpunkt der Textproduktion	• Kinder schreiben zeitgleich • Kinder schreiben zu unterschiedlichen Zeitpunkten
Abgabe des geschriebenen Textes	• Kinder müssen zu einer bestimmten Schreibsituation einen Text abgeben • Kinder entscheiden selbst, zu welcher Schreibsituation sie Texte zur Beurteilung abgeben
Schreibsituationen (nach Bartnitzky)	• Texte zum Klassenleben • Lerntexte • angeleitetes Schreiben • freies Schreiben • Schreibprojekte
Abgabe des Textes zur Beurteilung	• Erste Textfassung wird sofort abgegeben • Erste Textfassung geht in Schreibkonferenz, Überarbeitung wird abgegeben
Beurteilung des abgegebenen Textes	• Zensur der ersten Durchsicht ist Endzensur • Zensur der ersten Durchsicht bleibt, wird durch Zensur der überarbeiteten Fassung ergänzt (Mittelwert) • Zensur der ersten Durchsicht ist vorläufig, wird durch die Zensur der überarbeiteten Fassung ersetzt

9

Bewertung von freien Texten

In meinem Unterricht schreiben die Kinder keine gemeinsamen Aufsätze, sondern jedes Kind wählt den Zeitpunkt des Schreibens und sein Thema selbst. Dazu finden die Kinder über das Jahr hinweg im Wochenplan und im Freiarbeitsmaterial verschiedene Anregungen. Zusätzlich weise ich bei entsprechenden Anlässen auf geeignete Themen des Klassen- und Schullebens hin. Innerhalb eines Halbjahres entstehen so verschiedene Texte, von denen jedes Kind drei auswählt und bei mir zur Bewertung abgibt.

Besonderheiten und Unterschiede verschiedener Textarten bespreche ich mit den Kindern in den Lehrerstunden. Bei manchen Textarten halte ich es für nötig, dass alle Kinder zur Übung einen entsprechenden Text verfassen. So sollen z.B. im dritten Schuljahr alle Kinder einen Brief schreiben, es bleibt ihnen jedoch selbst überlassen, ob sie ihn zur Bewertung bei mir abgeben.

Ab dem dritten Schuljahr haben die Kinder die Möglichkeit, ihre Texte in einer Schreibkonferenz zu bearbeiten. Um die eigenständige Leistung eines Kindes besser einschätzen zu können, müssen die Kinder jedoch eine Fassung ihres Textes bei mir abgeben, bevor sie damit in die Schreibkonferenz gehen. Ich bilde dann aus dieser Zensur und der für den überarbeiteten Text den Mittelwert. Durch dieses Vorgehen habe ich außerdem einen Überblick darüber, wie gut die einzelnen Schreibkonferenz-Gruppen arbeiten. Einen sehr interessanten Ansatz für die Beurteilung von freien Texten, auf den ich hier empfehlend hinweisen möchte, stellt *Erika Altenburg* vor (Grundschule 3/2002, S. 51 bis 55). Mit dem von ihr vorgestellten Textmodell ist es möglich, einen einigermaßen objektiven Maßstab zu finden, mit dessen Hilfe das Schreibprodukt analysiert und dann bewertet werden kann. Unabhängig vom Entstehungsprozess steht bei ihr nur das Schreibprodukt im Mittelpunkt der Bewertung. Sie schlägt vor, einen Text dann als „befriedigend zu bezeichnen, wenn er im textlinguistischen Sinne stimmig und insgesamt verständlich ist. Nicht ganz stimmige Texte benotet sie mit der Note „ausreichend", die Note „mangelhaft" wird nach Möglichkeit nicht vergeben. Die Unterscheidung „gut" und „sehr gut" hält Altenburg nicht für besonders gravierend. Entscheidend bei der guten Beurteilung ist ihr vielmehr, wann eine Schreibleistung über die Grundforderung des „stimmigen Textes" hinausgeht.

Altenburgs Vorschlag für die Textbewertung ohne Betrachtung der Aufgabenstellung, ohne Überprüfung der Textsorte, ohne die Kategorie des von der Lehrperson Erwarteten bezieht sich auf die Feststellung der generellen Schreibfähigkeit, d.h. auf die Fähigkeit jedes einzelnen Kindes, einen bestimmten Text zu produzieren.

9

Zeugnisse

Das Bemühen, Kinder unterschiedlich stark ausgeprägt ihre individuellen Lernwege gehen zu lassen, macht es unmöglich, beim Zeugnisschreiben ausschließlich einen Katalog von Standardformulierungen zu benutzen. In Zeugnissen sollten auch die unterschiedlichen Lernwege und Lernweisen der Kinder angemessen berücksichtigt und gewürdigt werden. Eine für alle Kinder, Klassen und Lehrer verbindliche und starre Vorgabe wäre damit nicht vereinbar.

Deshalb ist es konsequent, sich auch bei der Leistungsbeurteilung und –bewertung an einem Modell zu orientieren, das den veränderten Lernbedingungen Rechnung trägt.

Bartnitzky und *Christiani*[1] haben mit der Beschreibung des pädagogischen Leistungsbegriffs eine praktizierbare Grundlage geliefert, an der ich mich orientiere. Danach sollen die Leistungen eines Kindes überwiegend am individuellen Lern- und Entwicklungs-prozess, an der sozialen Dimension des Lernens und nach den Grundsätzen des Ermutigens und Förderns gemessen werden.

Damit die Kinder die Zeugnisse auch ohne „Übersetzungshilfe" von Seiten der Eltern oder Erziehungsberechtigten verstehen können, versuche ich, einfache und gut verständliche Formulierungen zu wählen. Deshalb wähle ich auch die persönliche Anredeform. Oft gebe ich den Kindern in den Zeugnissen Hinweise, wie sie ihre Arbeit im kommenden Halbjahr erfolgreich(er) fortsetzen können. Meistens teile ich den Kindern

[1] Zeugnisschreiben in der Grundschule. Dieck-Verlag, 1987

auch meine persönlichen pädagogischen Empfindungen mit. Sie sollen ein bestimmtes Verhalten verstärken und stützen oder abschwächen und abbauen helfen. Ich habe die Erfahrung gemacht, dass eine in der täglichen Unterrichtssituation oft gegebene Erklärung im Zeugnis plötzlich nachhaltig beachtet wird.

Beispiele aus Zeugnistexten

Hinweise mit Blick nach vorn

- In Zukunft solltest du versuchen, bevorzugt die Pflichtaufgaben im Wochenplan zu bearbeiten. Zeit für die anderen Aufgaben hast du danach noch immer genug, denn du kannst sehr schnell arbeiten.

- Du hast dich bisher noch nicht für eine Forschungsgruppe entschieden. Du solltest dich deshalb einmal mit mir beraten, damit wir gemeinsam eine interessante Aufgabe für dich finden. Wie denkst du darüber?

- Im nächsten Halbjahr solltest du mehr darauf achten, dass du angefangene Arbeiten immer mit einem Ergebnis beendest.

- In deiner Forschungsgruppe solltest du in der nächsten Zeit noch mehr als bisher deine eigene Meinung und deine Wünsche sagen und vertreten.

- Im Rechtschreiben erhälst du keine Zensur, bis du dich sicher fühlst. Zuerst müssen wir noch immer gemeinsam mit den Leseheften üben, damit du bald ausreichend lesen kannst.

- Besonders gern rechnest du. Vielleicht hast du im zweiten Halbjahr Freude daran, einige interessante Mathematikforschungen durchzuführen. Ich bin sicher, dass dir diese Aufgaben Freude bereiten könnten.

- Ein Problem ist noch immer deine Schrift. Hier hilft nur ständige Übung, so lästig das auch sein mag. Versuche es doch einmal mit der Druckschrift. In vielen Ländern schreiben die Menschen so, nur in wenigen Ländern gibt es die Schreibschrift.

- Gern würde ich es sehen, wenn du in Zukunft an gemeinsamen Planungen mehr mitarbeiten würdest.

- Versuche im nächsten Halbjahr bei Abstimmungsniederlagen im Klassenrat, dich ohne anschließenden Protest an die Entscheidung der Mehrheit zu halten.

Persönliche Hinweise

- Ich würde mich darüber freuen, wenn du in der Freiarbeit auch einmal Aufgaben aus dem Bereich „Forschen“ wählen würdest.

- Leider ist es mir fast nie gelungen, dich für zusätzliche Aufgaben zu gewinnen, obwohl du regelmäßig Zeit dazu gehabt hättest.

- Ich finde es toll, dass du so gern am Förderunterricht teilnimmst.

Dadurch wird deine Rechtschreibung immer sicherer.

- Manchmal sind für dich Gespräche mit anderen Kindern wichtiger als die Pflicht- und Wahlaufgaben. Dann muss ich sehr drängen, bis du doch noch mit einer Arbeit beginnst. Ich wünsche mir, dass du demnächst öfter von selbst eine Arbeit aufnimmst.

- Ich finde es gut, dass du dich jetzt öfter mit mir berätst, wenn du das Gefühl hast, etwas nicht zu schaffen.

- Es gelingt dir immer besser, ohne Streit auszukommen. Das war eine tolle Leistung von dir!

- Ich habe mich sehr darüber gefreut, dass du dich in letzter Zeit öfter von dir aus am Unterrichtsgespräch beteiligt hast. Das solltest du unbedingt weiter tun, denn die schulischen Leistungen werden nicht nur danach beurteilt, was ein Kind aufschreiben kann. Zu einem gleich großen Teil zählt auch das, was es sagt.

Mein Bemühen, auf jedes Kind einzeln einzugehen, macht es unmöglich, einen Katalog von „Standardformulierungen“ zu benutzen. Dennoch kommt es vor, dass ich bei verschiedenen Kindern bei vergleichbaren Leistungen den selben Satz benutze, weil es die Arbeit erleichtert und nicht jede Variation sinnvoll ist.

Literatur und Internetadressen

Offener Unterricht

Badegruber, Bernd:
**Offenes Lernen…
und es funktioniert doch!
53 Pannenhilfen.**
Veritas, 1999. ISBN 3-464-21754-X

Bernitzky, Horst;
Christiani, Reinhold (Hg.):
Die Fundgrube für Freie Arbeit.
Das Nachschlagewerk für
EinsteigerInnen und Fortgeschrittene.
Cornelsen Scriptor, 1998.
ISBN 3-589-05043-8

Eichelberger, Harald:
**Handbuch zur
Montessori-Didaktik.**
Studien-Verlag, 1997.
ISBN: 3-7065-1153-3

Hansen-Schaberg, Inge;
Schonig, Bruno (Hg.):
**Freinet-Pädagogik. Basiswissen
Pädagogik: reformpädagogische
Schulkonzepte, Band 5.**
Schneider Verlag Hohengehren, 2002.
ISBN 3-89676-502-7

Peschel, Falko:
Offener Unterricht. Idee, Realität,
Perspektive und ein praxiserprobtes
Konzept zur Diskusssion.
Teil 1: Allgemeindidaktische
Überlegungen.
Schneider Verlag Hohengehren, 2006.
ISBN 3-8340-0128-7

Peschel, Falko:
Offener Unterricht. Idee, Realität,
Perspektive und ein praxiserprobtes
Konzept zur Diskusssion.
Teil 2: Fachdidaktische Überlegungen.
Schneider Verlag Hohengehren, 2006.
ISBN 3-8340-0129-5

Peschel, Falko:
**Offener Unterricht in der
Evaluation.** Idee, Realität, Perspektive
und ein praxiserprobtes Konzept.
Schneider Verlag Hohengehren, 2006.
ISBN 3-8340-0136-8

Basics für den Unterricht

Mittelstädt, Holger:
Basics für Junglehrer.
Der optimale Einstieg in
den Arbeitsplatz Schule.
Ab Klasse 1. Verlag an der Ruhr, 2006.
ISBN: 3-8346-0063-6

Morgenthau, Lena:
**Das hast du gut gemacht!
Urkunden und Mutmacher
für jede Gelegenheit.**
Klassen 1–5. Verlag an der Ruhr, 2002.
ISBN 3-86072-704-4

Thömmes, Arthur:
Produktive Unterrichtseinstiege.
100 motivierende Methoden für die
Sekundarstufen.
Ab Klasse 5. Verlag an der Ruhr, 2005.
ISBN: 3-8346-0022-9

Literatur und Internetadressen

Internetadressen

home.vr-web.de/kroll.schiebel/ou.htm
Lernzirkel im offenen Unterricht: Vorteile, Nachteile und Tipps zur Durchführung.

bebis.cidsnet.de/weiterbildung/sps/allgemein/bausteine/gestaltung/handlungoffen.htm
Handlungsorientierter und offener Unterricht: Problemfeld – Begriffserklärungen – Folgerungen für didaktisches Handeln.

paed.com/offu/phoffu/i-offu.htm
Artikel und Stellungnahmen zum offenen Unterricht und „Forum Reformpädagogik".

www.gym-elsa-ob.de/htm/schulleben/index.html
„Offener Unterricht" in der Evaluation – aus dem Alltag eines Gymnasiums.

www.kindgerechteslernen.de
Bericht über den Jena-Plan und offenen Unterricht mit Praxisberichten.

zeus.zeit.de/text/2006/19/B-Lernen_ohne_Lehrer_xml
Ein Artikel aus der Zeit über ein Experiment vom Unterricht ohne Lehrer.

Die in diesem Werk angegebenen Internetadressen haben wir geprüft (Stand November 2008). Da sich Internetadressen und deren Inhalte schnell verändern können, ist nicht auszuschließen, dass unter einer Adresse inzwischen ein ganz anderer Inhalt angeboten wird. Wir können daher für die angegebenen Internetseiten keine Verantwortung übernehmen.